Une année à l'église

Marie Borgers
& Père Léon de l'abbaye de Lagrasse

Une année à l'église

Vivre sa foi, méditer, partager et transmettre

hachette

Sommaire

Avant-propos

Maison de Dieu et lieu de célébration, l'église rassemble l'Église, la communauté des croyants. Tous, dans la diversité de leurs origines sociales, de leur vécu et de leur situation, de leur personnalité et de leurs sensibilités, y sont les bienvenus. Rassemblés par la foi, tous partagent le rythme de l'année liturgique, saison après saison. Ce fil conducteur leur donne à revivre les grands événements de la vie de Jésus, de sa naissance à sa Résurrection en passant par sa vie publique, sa Passion sur la croix et son Ascension.

Car Jésus et l'Église sont indissociables : Jésus, incarnation du Verbe, donne la vie divine à l'Église, et l'Église révèle Jésus. Marcher avec l'Église, c'est marcher avec Jésus. Suivre le rythme paisible de la liturgie, c'est s'accorder à son déroulement sacré, être en harmonie avec le déploiement de ses trésors de grâces et être disponible pour le mystère. C'est aussi se réjouir, partager ses souffrances, vivre tout simplement... L'Église offre un cheminement fait de confiance, à la rencontre de Dieu, sous le regard de Jésus enfant-Dieu, puis homme-Dieu, notre Sauveur.

Les pages qui suivent proposent de retracer ce chemin que chacun, ensuite, s'appropriera.

« Car là où deux ou trois sont assemblés en mon nom, je suis au milieu d'eux. »

Matthieu 18, 20.

Au sein de l'Église

Au sens premier, l'église désigne le bâtiment religieux, la maison de Dieu. Cependant, le mot, issu du grec *ekklêsia*, « assemblée » ou « convocation », rappelle qu'il signifie bien davantage que la pierre de l'édifice. Pour un chrétien, il désigne tout à la fois l'assemblée liturgique, la communauté locale et la communauté universelle des croyants. L'Église vit de la Parole et du Corps du Christ, et devient ainsi elle-même Corps du Christ (CEC n° 751-752).

De cette Église, la Bible nous offre diverses représentations : la construction de Dieu dont le Christ est la pierre d'angle, un temple saint, le bercail dont le Christ est la porte ; le troupeau dont le Christ est le Pasteur ; le terrain de culture, le champ de Dieu ; l'olivier antique, la vigne (le Christ) et ses rameaux (nous). L'Église est le règne du Christ déjà mystérieusement présent. Elle est née principalement du don total du Christ pour notre salut, anticipé avec l'institution de l'Eucharistie et réalisé sur la Croix. Comme Ève fut tirée du côté d'Adam endormi, ainsi l'Église fut tirée du côté du Christ sur la Croix. Ici-bas, l'Église est en quelque sorte en exil. Elle avance en pèlerinage à travers les persécutions du monde et les consolations de Dieu, et ne sera pleinement consommée que dans la gloire céleste lors du retour glorieux du Christ.

Voir l'Église en vérité, c'est porter sur elle un regard de foi. Il devient alors possible de percevoir, par-delà sa réalité visible, la réalité spirituelle de son mystère. Car l'Église est à la fois une société visible et hiérarchique, et le Corps mystique du Christ. Elle est à la fois l'Épouse du Christ et le Corps du Christ. Ces images nous offrent deux approches complémentaires du mystère : le Christ et l'Église. Celle-ci est donc le Christ total, une avec le Christ.

L'Église a pour principe caché, unificateur et animateur le Saint-Esprit, qui fait de l'Église le Temple de Dieu. L'Esprit Saint fut envoyé pour sanctifier l'Église en permanence et la rendre missionnaire par nature. Sa mission est en effet d'annoncer le Royaume du Christ et de l'instaurer dans toutes les nations.

L'Église est « **une** » du fait de sa source, la Trinité, par sa fondation, le Christ, par son âme, le Saint-Esprit qui opère le lien de la charité, par sa doctrine contenue dans le Credo, par ses sept sacrements, et par sa transmission ininterrompue depuis les apôtres par le sacrement de l'ordre. Cette unicité de l'Église n'empêche pas la diversité dans son sein, l'unité n'étant pas l'uniformité.

L'Église est **« sainte »** car elle est unie au Christ, animée par la charité. Sans péché mais non pas sans pécheurs. Elle renferme des pécheurs puisqu'elle est au service des hommes pécheurs. C'est en la Vierge Marie que l'Église atteint sa perfection.

L'Église est **« catholique »**, c'est-à-dire universelle et ouverte à tous les hommes. Elle n'est pas réservée à une élite, mais destinée à tous, telle une maison de famille. L'expression « hors de l'Église, point de salut » ne vise pas ceux qui ignorent le Christ et son Église sans qu'il y aille de leur faute, mais signifie que tout salut vient du Christ, tête de ce corps qu'est l'Église.

L'Église est **« apostolique »** parce que fondée par les apôtres, gardienne de leur dépôt, puis enseignée, sanctifiée et dirigée par les successeurs des apôtres.

Marie, enfin, y occupe une place à part. Elle représente et inaugure l'Église dans son achèvement futur, et brille telle un signe d'espérance tranquille et réconfortant.

Plan en croix latine de la cathédrale gothique Notre-Dame de l'Assomption de Rouen.

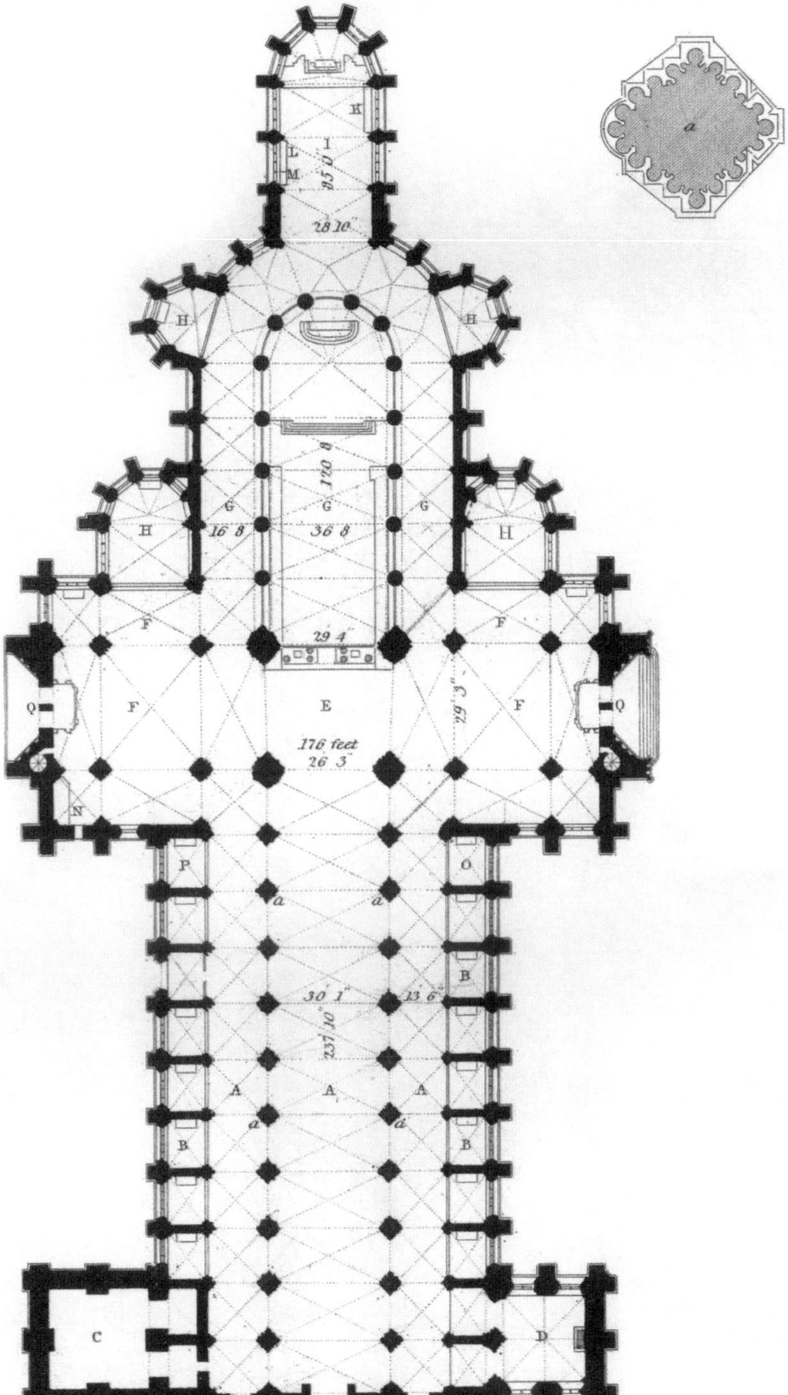

for Winkless Continental Cathedrals.

Scale to Plan
10 5 0 50 100 ft

Scale to Pier at Large
0 5 10 ft

London, Published Dec. 1. 1836 by C. Tilt, Fleet Street

L'année liturgique

Cycle régulier et fil conducteur

L'année liturgique est un cycle qui revient chaque année. Elle nous amène à méditer sur les mêmes thèmes. Au fil de l'année, les textes lus retracent les grandes étapes de la vie publique de Jésus et de ses mystères, de l'annonce de sa naissance (l'Annonciation) à sa Résurrection et son Ascension, en passant par son ministère public et sa Passion. Les Évangiles ne se démodent jamais. Les relectures structurent notre foi, nous rappellent d'où l'on vient et où l'on va. L'ensemble des lectures du dimanche a été réparti sur un cycle de trois ans. Les dimanches et fêtes, la lecture de l'épître et de l'Évangile est précédée d'une lecture de l'Ancien testament ou, au temps pascal, des Actes des Apôtres.

Le chrétien va vivre cette année guidé par le cycle liturgique, fil conducteur. Il trace un chemin à l'image de nos vies : semé de doutes et d'embûches, certes, mais aussi jalonné de grandes joies, porté par la foi en la Résurrection et l'espérance de la vie après la mort. Comme l'année liturgique, la semaine elle-même suit un rythme régulier qui guide nos activités comme nos phases de repos. Le dimanche est une journée non travaillée appelée « jour du Seigneur ». Dans un monde qui prône l'action et l'efficacité, ce temps de pause nous invite à ralentir notre rythme pour nous recentrer sur les textes de la Bible lus lors de la messe dominicale.

« En inscrivant dans un cycle les différents aspects de la vie de Jésus, l'année liturgique en permet l'assimilation et la méditation des séquences. »

La célébration du mystère pascal constitue l'essentiel du culte chrétien dans son déploiement quotidien, hebdomadaire et annuel. *« Le déroulement de l'année liturgique n'offre pas seulement une évocation des actions par lesquels notre Seigneur Jésus-Christ a opéré notre salut [...]. La célébration de l'année liturgique jouit d'une force sacramentelle et d'une efficacité particulière pour nourrir la vie chrétienne. »* (présentation générale du missel romain). Le but est de permettre aux fidèles de communier de manière plus intense dans la foi, l'espérance et la charité au mystère du Christ déployé tout au long du cycle de l'année.

Les principales couleurs liturgiques

L'Église associe aux temps liturgiques des couleurs. Au XVIe siècle, le concile de Trente a admis cinq couleurs déjà depuis longtemps utilisées dans les églises d'Occident : le blanc, le rouge, le vert, le violet et le noir, qui expriment respectivement la fête, la passion, l'espérance, la pénitence et le deuil. C'est au XIXe siècle que ces couleurs furent définitivement codifiées.

La couleur liturgique indique la tonalité de la prière. L'usage des couleurs fait partie intégrante du rite. Elles se retrouvent lors des offices religieux, sur les ornements des prêtres et des servants (étoles, chasubles et autres ornements liturgiques).

Le vert

Symbole de la croissance de l'Église et de l'espérance, couleur utilisée pendant le temps ordinaire.

Le violet

Couleur des temps de pénitence que sont l'Avent et le Carême, des célébrations pénitentielles et des offices des défunts.

Le rouge

Symbole du sang, du feu et de la Passion, couleur utilisée le dimanche des Rameaux, le Vendredi saint et le dimanche de Pentecôte, lors des messes en l'honneur du Saint-Esprit, des fêtes de la sainte Croix, des Apôtres et évangélistes et des saints martyrs.

Le blanc

Symbole de la pureté, de la Résurrection et de la gloire divine, couleur utilisée pendant les temps de Noël et de Pâques, lors des fêtes de la dédicace, de la Vierge Marie, des anges, des pasteurs, des docteurs de l'Église, des saints et des saintes qui ne sont pas martyrs.

Le noir

Symbole du deuil, couleur qui peut être utilisée pour les messes de défunts et autrefois le Vendredi Saint.

Le doré

Couleur pratique qui pouvait remplacer, en cas de besoin, toutes les autres couleurs à l'exception du noir et du violet.

Les livres liturgiques

La liturgie de l'Église catholique est codifiée dans plusieurs livres liturgiques.

L'évangéliaire

Il contient des textes de l'Évangile pour les messes dominicales. Il est décoré et souvent porté avec déférence lors de la procession d'entrée jusqu'à l'autel où il est déposé très respectueusement, et où il occupe une place privilégiée.

Le missel

C'est le livre liturgique de la messe du célébrant. Il regroupe l'ensemble des prières et des attitudes pour la célébration de la messe. Il est posé sur l'autel.

Le lectionnaire

À ne pas confondre avec le missel. Il contient les lectures de la Parole de Dieu autres que les évangiles.

Il existe aussi d'autres livres comme **le livre des bénédictions** dans diverses circonstances.

Les années A, B et C

Avant le concile Vatican II (1962-1965), les Évangiles de Matthieu et de Luc étaient les plus lus lors des messes dominicales. Afin d'introduire une autre variété de lectures bibliques, le concile a mis en place un cycle d'années liturgiques au cours desquelles des textes différents sont lus lors de la messe du dimanche. Dans l'esprit du concile de « se mettre à l'écoute de la Parole de Dieu », l'idée était de continuer à mettre l'Écriture au centre de la vie des chrétiens, et de leur offrir une meilleure connaissance de la Parole de Dieu.

Nous lisons chaque année l'un des trois Évangiles dits « synoptiques » : l'Évangile de Matthieu pendant l'année A, de Marc pendant l'année B, de Luc pendant l'année C.

L'année liturgique n'est pas calquée sur l'année civile, mais commence le premier dimanche de l'Avent.

La messe

Répondant à un déroulement précis, la messe comporte une dimension préparatoire, un accomplissement et une conclusion ; on pourrait dire une montée, une apogée et une redescente. Elle s'inscrit dans un temps sacré par opposition au temps profane ; elle se déroule dans un lieu sacré par opposition à un lieu profane, est menée par des personnes sacrées, toujours par opposition à des personnes profanes. Les paroles et les gestes accompagnant cet acte sacré sont également codifiés, comme pour garantir la paix entre les fidèles et baliser leur cheminement personnel.

Le prêtre

Le prêtre entre, revêtu de vêtements liturgiques qui disent sa nature et sa fonction. Ce ne sont pas des vêtements utilitaires ou profanes, mais bien des habits symboliques et sacrés. Ils rappellent que le Christ est l'acteur principal de la messe. Le prêtre peut exercer son sacerdoce en raison de son ordination sacerdotale, par laquelle il a reçu le pouvoir d'opérer le Saint-Sacrifice. Le prêtre agit au nom du Christ, *in persona Christi*. Cela ne signifie pas qu'il serait davantage « saint » que l'assemblée, mais rappelle simplement son rôle de médiateur entre Dieu et les hommes.

L'autel

Dès l'entrée dans l'église, une table au bout de l'allée s'impose au regard : l'autel. Parce qu'il occupe une place centrale dans l'édifice, les regards convergent tout naturellement vers lui. Il est le lieu propre de la messe, un espace sacré où s'accomplit le service divin. Cet autel a une fonction : il est le lieu du sacrifice. Si un autel est dressé, c'est que nous allons assister à un sacrifice. Dès l'origine, il est fait pour immoler une victime, pour l'offrir à quelqu'un. Mais pour qu'il y ait sacrifice, il faut une victime. Souvenons-nous d'Isaac mené par son père Abraham à un autel de fortune. Il faut aussi un sacrificateur, en quelque sorte agréé par Dieu (le prêtre), et un destinataire du sacrifice (Dieu). Il faut enfin un rituel officiel d'offrande que fournit la liturgie.

> *« Le Saint Sacrifice renouvelle en nous le mystère central de notre foi. »*
> Sainte Edith Stein, *La Crèche et la Croix*.

Bien sûr, nulle goutte de sang ne sera versée. Mais le mot de sacrifice porte en lui la force de sa signification et le poids de son étymologie : *sacer facere* puis *sacrificium*, « fait de rendre sacré ». Par sa présence, l'autel rappelle ainsi que la messe est d'abord et avant tout un sacrifice.

L'autel était en principe constitué d'un seul et même bloc de pierre, indivisible et inamovible, à l'image de la solidité de Dieu, « rocher d'Israël ». Il est dominé par une croix et entouré par six chandeliers qui rappellent et assurent la continuité avec la *menorah* utilisée dans la liturgie juive, le chandelier à sept branches du Temple de Jérusalem (référence aux sept jours de la Création). La croix est le symbole de la septième lumière, le Christ étant la véritable lumière du monde ; elle rappelle le sens de notre présence ici.

L'autel est gravé de cinq croix en mémoire des cinq Plaies du Christ sur les mains, les pieds et le côté ouvertes lors de la crucifixion.

L'autel de Saint-Pierre de Montmartre, à Paris, est l'œuvre de l'émailleur Jean-Paul Froidevaux, artiste contemporain qui s'est inspiré de l'art médiéval des émaux. Y sont représentés une vigne, symbole du Christ, les moulins de Montmartre, saint Pierre, Marie et saint Dominique.

Temporalité et déroulé de la messe

Préparer les cœurs

La première partie de la messe est **préparatoire**. Elle prépare les cœurs, nous fait entrer dans la vérité face à Dieu. « Je suis pécheur ; je le reconnais ; Seigneur, sauvez-moi. » C'est le moment de creuser son âme en toute humilité. Chacun fait de la place à Dieu, se dépose devant lui. Le *Kyrie eleison* est la parole liturgique qui exprime le mieux l'état d'esprit de ce moment de la messe : « *Seigneur, ayez pitié de moi. Avec tous les fidèles présents, je demande pardon à Dieu pour mes péchés.* »

Lire la Parole intemporelle

Viennent ensuite **les lectures de l'Ancien et du Nouveau Testament**, constitutives de la messe. La Parole de Dieu est disposée au sein de la Liturgie. Elle nourrit nos cœurs et nos intelligences, alimente notre foi et continue à nous préparer au sacrifice qui s'annonce. Cette Parole est vivante et agissante, à l'image de Dieu lui-même. Aussi est-elle proclamée avec soin.

Méditer

Le prêtre (ou le diacre) nous en offre ensuite dans son **homélie** une méditation. Sa prise de parole a pour objet d'offrir une compréhension catholique de la Parole de Dieu, et de l'actualiser dans notre vie. Telle un glaive à double tranchant, la Parole de Dieu coupe celui qui l'entend comme celui qui la prononce pour entrer en nous en profondeur.

LES TROIS DEGRÉS DU SACREMENT DE L'ORDRE

Les divers degrés de participation ministérielle au sacerdoce du Christ sont énoncés par le Catéchisme de l'Église catholique (abrégé CEC). L'épiscopat détient la plénitude du sacerdoce ; le **presbytérat** est un sacerdoce participé pour être le coopérateur de l'évêque ; et le **diaconat**, degré inférieur du sacrement de l'ordre, qui n'est pas un sacerdoce, est destiné à aider et servir ces précédents degrés. On devient évêque, prêtre ou diacre par un acte sacramentel appelé **l'ordination**.

S'offrir à Jésus

Puis vient le temps de **l'offertoire**, un moment essentiel du sacrifice. Le prêtre présente l'offrande à Dieu dans un mouvement vers Lui. Le pain et le vin sont présentés en tant qu'ils vont devenir Corps et Sang du Christ par la consécration. Ce mouvement d'offrande est essentiel, car il dit le don du prêtre et des fidèles dans leur rapport à Dieu. Nous sommes tous appelés à nous offrir avec Jésus-Christ, et c'est en cela que consiste la sainteté chrétienne. Par la prière, au nom de tous les fidèles et avec eux, le prêtre conclut l'offertoire : « *Priez, frères et sœurs : que mon sacrifice qui est aussi le vôtre soit agréable à Dieu le Père tout-puissant.* » L'offertoire donne le sens sacrificiel de la cérémonie. Sans lui, on agirait, mais sans le sens profond de l'action. Ce serait comme offrir un cadeau mais sans raison ni tendresse, sans les attentions qui l'enveloppent, lui donnent sa valeur, sa signification et sa portée.

Respecter le canon

S'ensuit le **canon**, c'est-à-dire, en grec, « la règle », « la norme ». L'étymologie dit son ancienneté, son immuabilité et sa sacralité. Ces prières de consécrations vont permettre la transsubstantiation, c'est-à-dire la transformation du pain et du vin en Corps et Sang du Christ. C'est là le moment le plus solennel de la messe.

Le prêtre, déjà tenu de respecter les paroles données par la liturgie, l'est d'autant plus scrupuleusement en cet instant. Il est le serviteur d'un mystère qui le dépasse, et par respect pour Dieu et pour les fidèles, il doit honorer et recevoir la liturgie qui lui est donnée. L'inventivité n'a pas ici sa place. S'il existe pour le prêtre de multiples occasions de créativité, et c'est une bonne chose, la messe n'en est pas le lieu.

LE PAIN ET LE VIN
Le pain de froment et le vin de la vigne constituent la matière nécessaire pour la célébration de l'eucharistie. Pour ce faire, l'Église reste fidèle à la matière choisie par le Christ. Selon l'Ancien Testament (Genèse 14, 18), le pain et le vin sont déjà mentionnés pour Melchisédech, prêtre et roi de Salem. Cette matière est également préfigurée par les miracles de la multiplication des pains et de l'eau changée en vin à Cana opérés par Jésus, des événements relatés dans les Évangiles.

Communier

Voici venu le temps de la **communion**. Jésus, depuis la consécration, est désormais présent sur l'autel. Telle est la foi catholique. Cela semble fou, car cela nous dépasse, échappe à l'entendement et la raison. Une telle foi impose alors une attitude intérieure et extérieure de respect, de révérence, d'adoration. Une posture cohérente puisque nous croyons à la présence de Dieu sur l'autel. Nous comprenons que Dieu nous aime au point de se faire fragile, de se cacher sous l'apparence du pain et du vin. Telle est la transsubstantiation :

> « *Par la consécration du pain et du vin s'opère le changement de toute la substance du pain en la substance du Corps du Christ notre Seigneur et de toute la substance du vin en la substance de son Sang. Ce changement, l'Église catholique l'a justement et exactement appelé transsubstantiation.* »
> CEC n° 1376.

Église Saint-Antoine-de-Padoue d'Etterbeek, dans la région de Bruxelles (Belgique).

Foi

L'autel du sacrifice devient la table du Seigneur en vue du banquet sacré. Dans la continuité des noces de Cana, la célébration eucharistique est tout entière orientée vers l'union intime des fidèles au Christ par la communion.

Pour communier, il faut remplir les conditions suivantes : être baptisé catholique ; avoir fait sa première communion ; et ne pas avoir de péché grave sur la conscience. Le péché coupe de Dieu, tandis que la confession rétablit l'amitié avec Lui. Si les dispositions requises sont remplies, la communion, qui n'est jamais une obligation, est toutefois vivement recommandée.

La communion réalise dans notre vie spirituelle ce que l'aliment matériel réalise dans notre vie corporelle. « *Qui mange ma chair et boit mon sang a la vie éternelle. [...] Il demeure en moi, et moi, je demeure en lui.* » (Jean, 6, 54-56). La communion est centrale dans la vie d'un catholique, car elle est le lieu ultime de l'intimité avec le Christ.

> « *Rien n'est capable de me donner une joie sensible que ce pain d'amour, après la réception duquel je demeure comme anéantie devant mon Dieu, mais avec une si grande joie, [...] tout mon intérieur est dans le silence et dans un profond respect pour entendre la voix de celui qui fait le bonheur de mon âme.* »
> Sainte Marguerite-Marie Alacoque (1647-1690).

La messe s'achève ensuite en douceur par le **temps de l'envoi**, qui comprend une bénédiction finale, et invite chacun à témoigner de l'amour de Dieu, à partager l'Évangile, à être missionnaire donc. Elle se termine dans un esprit d'action de grâce pour tout ce que le Christ nous a donné, à savoir : lui-même.

> « *Vivre de l'Eucharistie signifie sortir insensiblement de l'étroitesse de sa propre vie pour naître à l'immensité de la vie du Christ.* »
> Sainte Edith Stein, *La Crèche et la Croix*.

Le temps de l'Avent

L'ouverture de l'année liturgique

Traditionnellement, l'Avent est placé au début des livres liturgiques : il ouvre ainsi l'année liturgique. La raison en est simple : l'Avent nous prépare à la venue du Christ qui grandit, caché dans le sein de la Vierge Marie. C'est un temps préparatoire, un temps d'attente, durant lequel l'âme se creuse.

Il commence le quatrième dimanche avant Noël, et dure entre trois à quatre semaines, soit 22 à 28 jours selon les années. De même que pour le Carême, la couleur liturgique est le violet, marqueur de la dimension pénitentielle. Il est d'ailleurs intéressant de mettre en parallèle l'esprit de l'Avent et celui du Carême. Ces deux temps sont des temps de pénitence, qui voient l'attente d'un grand événement. Toutefois, le style n'est pas comparable. Pendant l'Avent, l'esprit n'est pas à l'ascétisme que nous vivrons en période de Carême. L'Avent est bercé d'une ambiance douce, de la joie d'une fin de grossesse, avec pour aboutissement le bonheur de la naissance d'un enfant.

Le mot « avent » vient du latin *adventus*, qui signifie **« attente d'une venue », « avènement »**. Pendant cette période, nous honorons une triple venue : la venue historique à Bethléem, la venue spirituelle dans nos âmes par la grâce, le chant et les rites, et la venue eschatologique lors de la parousie, à savoir le retour du Christ à la fin des temps.

AUX ORIGINES

Il est possible que l'Avent ait été instauré en Gaule dès le IVe siècle, à l'époque de saint Hilaire de Poitiers (v. 315-367). Il semble s'agir d'un jeûne de six semaines à compter de la Saint-Martin célébrée le 11 novembre, et nommé « Carême de la Saint-Martin ». Le premier témoignage connu de l'Avent est d'ailleurs un texte de saint Hilaire. Depuis la Gaule, l'Avent s'est exporté en Italie et, de là, s'est répandu dans toute l'Église. Au VIIe siècle, on constate des variantes : il dure quatre semaines à Rome, cinq en Espagne. Puis peu à peu, l'unité se fait sur quatre semaines.

De multiples documents attestent la mise en place d'une période préparatoire à Noël. Il est possible que la période de l'Avent se soit établie à l'aune d'un culte rendu à la parenté du Seigneur et aux saints de l'Ancien Testament.

« Il me semble que l'attitude de la Vierge durant les mois qui s'écoulèrent entre l'Annonciation et la Nativité est le modèle des âmes intérieures, des êtres que Dieu a choisis pour vivre "au-dedans", au fond de l'abîme sans fond. Dans quelle paix, quel recueillement Marie se rendait et se prêtait à toutes choses ! Comme celles qui étaient les plus banales étaient divinisées par elle car, à travers tout, la Vierge restait l'adorante du don de Dieu ! »
Sainte Élisabeth de La Trinité, carmélite de Dijon (1880-1906).

« Le peuple qui marchait dans les ténèbres a vu se lever une grande lumière ; et sur les habitants du pays de l'ombre, une lumière a resplendi.. »

Isaïe, chapitre 9, verset 1.

Les personnalités de l'Avent

Les textes bibliques lus au cours des quatre dimanches de l'Avent concernent tout particulièrement le prophète Isaïe, la Vierge Marie et saint Jean-Baptiste.

Le prophète Isaïe

Prophète sans doute le plus messianique, Isaïe, l'un des grands témoins de l'attente du Messie, apporte le réconfort dans un contexte de guerre entre Israël et l'Assyrie, et porte un message d'espérance en annonçant la venue d'un enfant, Emmanuel, qui signifie« Dieu avec nous ».

La Vierge Marie

Dans le livre d'Isaïe (chapitre 7, verset 14), rédigé vers 700 ans avant Jésus-Christ, il est dit que la Vierge sera enceinte, qu'elle enfantera un fils et lui donnera le nom d'Emmanuel. La prophétie d'Isaïe traverse tout le temps de l'Avent. Figure centrale de ce temps liturgique, la Vierge Marie est l'instrument consentant de l'accomplissement de la promesse divine d'un Messie. Elle est en particulier célébrée le 8 décembre, par une fête au nom énigmatique d'« Immaculée Conception ».

Soulignons à cette occasion un lien liturgique entre Avent et Annonciation. Le rite mozarabe situait l'Annonciation le 18 décembre, et le rite ambrosien au dimanche avant Noël. La question s'est posée pour le rite romain, qui a finalement retenu le 25 mars comme date de l'Annonciation.

Il faut distinguer l'Immaculée Conception et la virginité perpétuelle de la Vierge Marie. L'Immaculée Conception est un privilège de la Vierge Marie, qui fut préservée dès sa conception du péché originel en vue des mérites de Jésus-Christ. Par péché originel, on entend le péché commis par Adam et Ève, et transmis à toute l'humanité en même temps que la transmission d'une nature humaine, mais privée de la sainteté et de la justice originelle. De là vient la nécessité d'un Sauveur en la personne de Jésus (Catéchisme de l'Église catholique ou CEC n° 404).

Ci-dessus : *L'Annonciation* par Fra Angelico (vers 1430), fresque du monastère San Marco de Florence.
Page de gauche : détail de l'ange Gabriel de *l'Annoncation* par Léonard de Vinci (1472-1475).

Saint Jean-Baptiste

Appelé « prophète du Très-Haut », il est omniprésent pendant l'Avent, car il est celui qui prépare les voies du Seigneur. Il est le dernier prophète, annonciateur de l'arrivée du Sauveur.

Longtemps, les fêtes de saints ne furent pas permises pendant l'Avent afin, selon Durand de Mende, évêque spécialiste de la liturgie (v. 1230-1296), que « *nous ne paraissions pas implorer avant l'avènement du Christ le secours de ceux qui ont reçu leur sainteté de lui* ». L'idée majeure est plutôt celle de l'attente d'un roi pacifique. « *Réjouissez-vous [...]. Le Seigneur est proche* » (Philippiens 4, 4).

« Dernier des prophètes, Jean le Baptiste est celui qui annonce et prépare la venue du Messie. Celui qui baptiste Jésus dans le Jourdain est célébré le 24 juin. »

Saint Jean-Baptiste par Léonard de Vinci (1513-1516, musée du Louvre, Paris).

Les grandes antiennes « Ô »

Une antienne est un verset chanté par le chœur sous forme de refrain liturgique entre chaque verset d'un psaume. La dernière semaine de l'Avent, du 17 au 23 décembre, on chante à l'heure des vêpres (la prière de fin de journée) les grandes antiennes « Ô » en accompagnement du Magnificat – le cantique d'action de grâces chanté par Marie lors de la Visitation.

Elles doivent leur nom de « Ô » à l'interjection d'admiration par laquelle elles commencent et qui introduit l'énoncé de noms divins issus du Premier et du Nouveau Testament.

Les premières lettres de chaque verset forment l'anagramme de la phrase ero cras (« je serai demain »). Pour le distinguer, il faut partir de la fin : Emmanuel-Rex-Oriens donnent « ero » ; puis Clavis-Radix-Adonai-Sapientia donnent « cras ».

Les antiennes finissent toujours par « Veni », « Viens » en latin, comme un appel des chrétiens à la venue tant désirée du Sauveur.

Aujourd'hui encore, tout amateur de musique baroque apprécie les pastorales de Noël Grandes Antiennes Ô de l'Avent composées par Marc-Antoine Charpentier de 1684 à 1686.

« Il est temps Seigneur que tu paraisses. »
« De l'univers entier, apprenez le bonheur. »
Marc-Antoine Charpentier, Pastorale sur la Naissance de Notre Seigneur Jésus-Christ, première partie, scènes 1 et 2.

Les grandes antiennes « Ô » de l'Avent

17 décembre

Ô Sagesse, de la bouche du Très-Haut, toi qui régis l'univers avec force et douceur, enseigne-nous le chemin de vérité : Viens, Seigneur, nous enseigner le chemin de la prudence !

18 décembre

Ô Adonai, chef de ton peuple Israël, tu te révèles à Moïse dans le buisson ardent et tu lui donnes la Loi sur la montagne : Viens, Seigneur, nous délivrer par la vigueur de ton bras.

19 décembre

Ô Rameau de Jessé, étendard dressé à la face des nations, les rois sont muets devant toi tandis que les peuples t'appellent : Viens, Seigneur, délivre-nous, ne tarde plus.

20 décembre

Ô Clé de David, ô Sceptre d'Israël, tu ouvres et nul ne fermera, tu fermes et nul n'ouvrira : Viens, Seigneur, et arrache les captifs établis dans les ténèbres et la nuit de la mort.

21 décembre

Ô Orient, splendeur de la lumière éternelle et soleil de justice : Viens, Seigneur, illuminer ceux qui habitent les ténèbres et l'ombre de la mort.

22 décembre

Ô Roi de l'univers, ô Désiré des nations, pierre angulaire qui joint ensemble l'un et l'autre mur : Force de l'homme pétri de limon, viens, Seigneur, viens nous sauver.

23 décembre

Ô Emmanuel, notre Législateur et notre Roi, espérance et salut des nations : Viens nous sauver, Seigneur, notre Dieu.

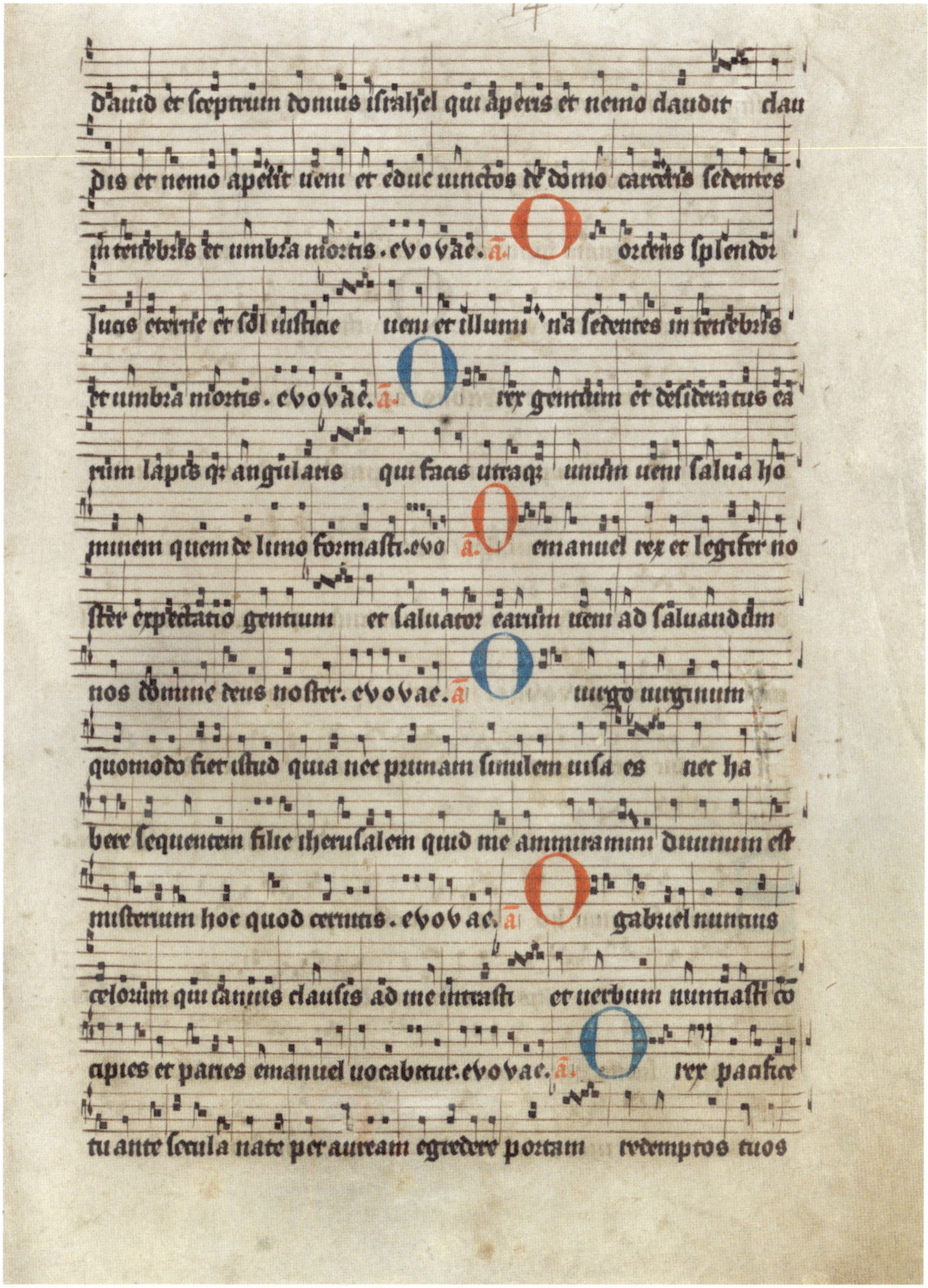

Antiphonarium pro Ecclesia Einsidlensi (XIVᵉ siècle). Un antiphonaire est le livre de chœur qui réunit les chants de l'office. Il est placé sur le grand pupitre près de l'autel.

Le troisième dimanche de l'Avent : dimanche de Gaudete

Le temps d'un dimanche, le violet, couleur liturgique de l'Avent, s'éclaircit pour laisser place au rose sur les vêtements et les ornements liturgiques, ainsi que dans les compositions florales. La couronne de bougies de l'Avent en comprend alors trois rouges pour une rose. Signe de douceur, le rose est la couleur de l'aurore qui point à l'horizon, annonciatrice de la venue d'une lumière éblouissante. C'est le jour de la joie : *gaudete* en latin signifie « Réjouissez-vous ! » « *Soyez dans la joie du Seigneur, soyez toujours dans la joie, le Seigneur est proche* » (Épître de Paul aux Philippiens, IV:4-6), rapporte l'antienne qui ouvre la messe. L'orgue résonne tout aussi joyeusement.

« Réjouissez-vous !
Réjouissez-vous ! Christ est né
De la Vierge Marie :
Réjouissez-vous!
Le temps de la grâce est venu,
Que nous avions espéré,
Des chants de joie,
Nous chantons sans cesse
dévotement. (Refrain)

Dieu s'est fait homme,
La Nature s'émerveille;
Le monde s'est renouvelé,
Par le règne du Christ
(Refrain)

La porte fermée d'Ézéchiel
A été traversée,
D'où la lumière est apparue
Se trouve le Salut.
(Refrain)

Donc que notre assemblée,
Chante avec éclat ;
Louons le Seigneur :
Saluons notre roi.
(Refrain) »

Lettre G enluminée d'une partition de Gaudete (XIIIe siècle, Gênes, Italie).

Le calendrier de l'Avent : un temps d'attente et de désir

C'est en 1908 qu'un éditeur allemand eut l'idée de commercialiser pour le mois de décembre un calendrier d'images pieuses. En 1920 sont apparues les petites fenêtres à ouvrir chaque jour. L'idée phare qui sous-tend cette tradition reste celle de la veille. En ouvrant chaque jour une case du calendrier, il s'agit de nous mettre dans la posture de veilleurs, selon une approche évangélique : « *Soyez comme des gens qui attendent leur maître [...] pour lui ouvrir [...]* » (Évangile selon saint Luc 12, 36). Cette attente passe par une pratique de la prière plus fréquente et plus assidue, ainsi que par une plus grande attention portée à nos paroles, à nos actes et nos gestes du quotidien. Selon le théologien britannique John Henry Newman (1801-1891), les situations quotidiennes d'attente – celles d'un ami absent, d'un être aimé, d'une échéance ou d'un événement ou de tout autre événement – sont autant d'esquisses pour appréhender ce que doit être notre attente du Christ.

Dans cet esprit, le calendrier de l'Avent qui s'est développé partout dans le monde après la Seconde Guerre mondiale a pour but de faire patienter les enfants jusqu'à Noël, en faisant de ces jours un chemin tout à la fois pédagogique et spirituel. Il illustre combien cette période est un temps d'attente et de désir. Il marque le refus de la soumission aux exigences d'immédiateté ; il enseigne la patience face à la frustration. Il maintient l'enfant et l'adulte dans une tension tangible vers Noël, dans la conscience que le mot latin *attendere* signifie « tendre son esprit vers, être attentif à quelque chose ou quelqu'un ». De même que l'on découvre ce qui se cache derrière la petite fenêtre du calendrier, de même se dévoile le mystère : progressivement, par fragments.

Si le calendrier de l'Avent a été détourné de sa vocation initiale, utilisé pour exploiter les désirs humains à des fins commerciales, il fut à l'origine pensé comme un instrument de préparation des cœurs à l'arrivée de l'Enfant Jésus.

La lucarne du dernier jour du calendrier, celle du 24 décembre est le prélude au présent ultime : la naissance du Christ.

SAINT NICOLAS, LE VRAI PÈRE NOËL

Tout commence le 6 décembre 343, à la mort de saint Nicolas de Myre. L'évêque de Myre (en Turquie actuelle) laisse le souvenir d'un homme capable d'accomplir des miracles et d'une grande générosité. Il apportait aide et protection aux enfants, aux femmes et aux pauvres, voyageant de village en village à dos d'âne. Il aurait ainsi sauvé trois jeunes filles de la misère en leur offrant des sacs d'or qui leur serviraient de dot.

La célébration de saint Nicolas est restée vivace en Allemagne et dans d'autres pays depuis le Xe siècle : elle le demeura même après l'interdiction de célébrer ce jour par la Réforme au XVIe siècle. Dans les régions du Nord et de l'Est de l'Europe, il est ainsi coutume d'offrir des friandises et des cadeaux à la Saint-Nicolas. Il en va de même en France, notamment dans le Nord, en Alsace et en Lorraine.

Saint Nicolas est représenté avec une barbe blanche, une cape rouge carmin et une crosse d'évêque, portant un grand sac rempli de cadeaux. En 1860, un illustrateur new-yorkais invente un personnage qui viendrait distribuer des cadeaux aux enfants. Inspiré de la légende de saint Nicolas (Sinter Klaas en néerlandais), il en hérite des rondeurs et de la barbe. La légende du père Noël, commercial de génie, était née, prête à se répandre à travers le monde.

À la sempiternelle question de savoir s'il est bon de laisser nos enfants croire au père Noël, on pourrait répondre que saint Nicolas a bel et bien existé, et que parler de lui n'est pas mentir...

Enseignement

Préparer des cadeaux personnalisés pour nos proches est une expression de charité. N'oublions pas d'en offrir aux moins favorisés que nous croisons : ils sont le visage du Christ. Le don doit être fait sans ostentation et avec une intention véritable. Rappelons-nous que c'est l'intention avec laquelle nous agissons, nous offrons, nous parlons, qui compte. Dans la charité, dans nos dons et dans notre engagement solidaire, restons humbles. Nul besoin d'en faire état. Évitons aussi la démesure.

> *« Si vous voulez vivre comme des justes, évitez d'agir devant les hommes pour vous faire remarquer. Autrement, il n'y a pas de récompense pour vous auprès de votre Père qui est aux cieux. [...] Mais toi, quand tu fais l'aumône, que ta main gauche ignore ce que donne ta main droite, afin que ton aumône reste dans le secret ; ton Père voit ce que tu fais dans le secret : il te le revaudra. »*
> *Saint Matthieu 6, 1-6 ; 16-18.*

La couronne de l'Avent

Aux premiers jours de l'Avent, c'est le moment de sortir la couronne, celle du Roi-Messie porteur d'espoir. Faite de branchage encore verts, elle est accrochée sur les portes d'entrée des maisons ou aux fenêtres, déposée sur un buffet ou au centre de la table de Noël.

Cette couronne trouve son origine en 1839 à Hambourg, chez un pasteur qui s'occupait d'un orphelinat. Pour canaliser l'impatience des enfants, notre homme avait conçu une couronne de bois. Elle se composait de quatre grands cierges pour chacun des dimanches de l'Avent, et entre ceux-ci, vingt petits cierges représentaient les jours de la semaine. Chaque matin, le pasteur allumait une nouvelle bougie afin que les enfants puissent percevoir le temps qui les séparait encore de Noël. L'usage se répandit, en ne conservant que les quatre gros cierges pour chacun des dimanches de l'Avent, cierges aujourd'hui de couleur rouge, symbole du feu et du soleil, mais aussi d'espoir, d'amour, de joie et de paix.

Les origines de la couronne peuvent être décelées plus loin encore dans l'histoire, à l'époque romaine. Au solstice d'hiver, les jours commencent à rallonger, le soleil reprend sa place . Des branches de pin encore vertes sont courbées et liées en cercle comme pour symboliser l'astre renaissant et le cycle de la vie.

Comment attendre la naissance de Jésus ?

Par son étymologie, le mot « Avent » souligne notre attente d'une venue, d'un avènement. Cette attente fait de la période un temps de préparation. Mais la préparation de cet événement religieux, devenu par la force du marketing et sous la pression de la société de consommation une fête païenne, va bien au-delà de la course aux cadeaux dans les magasins, des préparatifs des agapes du dîner de réveillon et du déjeuner de Noël. L'Avent est une période qui nous incite à nous recueillir avec plus d'assiduité. Le mot « attendre » vient en effet du latin *attendere*, « tendre vers, être attentif à, porter son attention sur ».

Mais comment faire pour se préparer ? Nous tentons de désencombrer nos esprits de nos problèmes et nos tourments pour laisser le Christ venir à nous. Ce « ménage intérieur » va permettre à Dieu de réveiller notre existence. L'Avent nous incite non seulement à veiller dans l'attente du Christ, mais aussi à veiller au monde qui nous entoure. Ce temps nous donne l'occasion d'ouvrir les yeux à la naissance de Jésus et donc de nous sensibiliser à toutes les formes de souffrances.

Qu'est-ce que l'attente ?

Attendre, c'est accepter d'être du côté non du Créateur, mais de la Création. C'est accepter la limite, la pauvreté. Attendre implique une forme de dépendance, une posture de relativité à l'autre. Attendre, c'est accepter le travail du temps, la nécessité des étapes, des rythmes de chacun. L'attente permet le recul, l'intelligence fine, la contemplation qui imprègne progressivement le cœur.

Attendre, c'est refuser l'impatience insolente, l'orgueil de la vitesse, l'exigence de l'immédiateté, le « tout, tout de suite, maintenant, immédiatement et sans retard ». Trop souvent, je ne veux pas attendre, je ne veux pas subir l'outrage du temps. Je ne veux pas avoir l'impression de perdre mon temps. Je considère que j'ai tellement mieux à faire, que mon temps est si précieux, que je suis si indispensable à la bonne marche de la planète, que je ne dois pas attendre. J'ai une si haute idée de ma valeur qu'attendre m'est insupportable. Alors je demande à Dieu la grâce de la patience d'une attente douce, sans violence intérieure, pacifique. De laisser décanter le tourbillon qui m'agite habituellement, d'apaiser le tumulte de mes pensées.

Rencontrer l'humilité de Dieu

L'Ancien Testament dévoile petit à petit le mystère de Dieu et de sa transcendance. La naissance de Jésus change tout, bouleverse tout. Par amour pour nous, Dieu « s'abaisse » à se faire homme. Bébé sans défense, Il assume les vulnérabilités de tout un chacun, endosse la fragilité de notre condition humaine. C'est une véritable révolution qui nous rappelle combien Dieu nous est proche et nous aime.

Un temps de compassion

A-t-on envie de compatir, envie de « souffrir avec », d'être avec celui qui souffre ? Ce chemin, en apparence, n'est pas désirable. Toutefois, je peux rester à côté, je peux ouvrir mon cœur, partager le fardeau, comme dit l'Écriture. « *Tu m'as creusé une oreille* » (psaume 40). Être, et même devenir, l'oreille attentive, le dépositaire d'une souffrance. Je peux pleurer avec celui qui pleure, peiner avec celui qui souffre.

Compatir, c'est refuser l'insensibilité, l'indifférence cultivée, la distance froide, la dureté assumée, toute posture d'arrogance ou de mépris. Une personne qui ne compatit pas est comme tronquée. Compatir, c'est avoir « *un cœur liquide* », comme disait le saint curé d'Ars. Être capable de vibrer avec l'autre, participer du cœur de Dieu, accepter d'avoir le cœur transpercé comme Jésus. Explorer les plus beaux aspects de notre humanité donnée par Dieu.

Seigneur, donnez-nous la grâce d'un cœur perméable à la souffrance d'autrui. La grâce d'un cœur vivant, la grâce d'accepter la sensibilité, la grâce des larmes, la grâce de savoir se pencher sur celui qui tombe.

Passer à l'action

Noël est l'occasion de nous ouvrir à une plus grande charité. Ce mot est issu du latin chrétien *caritas*, « amour du prochain », qui traduit le grec *agapê*, « affection », « amour », « tendresse », « dévouement », donnant au mot « charité » le sens de « don » « aumône ». « *Par la charité, nous aimons Dieu par-dessus toute chose pour Lui-même, et notre prochain comme nous-mêmes pour l'amour de Dieu.* » (CEC n° 1822).

La période invite à agir pour les causes qui nous touchent ou nous révoltent, selon nos capacités physiques, notre temps disponible, nos moyens financiers. Si la venue du Messie est une grande fête pour les chrétiens, elle est aussi un moment où ils peuvent penser à ceux qui souffrent de la solitude, l'isolement, la pauvreté ou la maladie. Ces personnes dans la souffrance rappellent le dénuement de Jésus, dans la crèche d'abord, sur la croix ensuite. L'apôtre Paul laisse entendre que sans la charité, nous serions spirituellement pauvres : « *Si je n'ai pas la charité, s'il me manque l'amour, je ne suis qu'un cuivre qui résonne, une cymbale retentissante.* » (1 Corinthiens 13, 1)

Malgré les épreuves et le tourbillon du quotidien, il s'agit de ne pas se replier sur soi, mais de rester éveillé à la détresse de l'autre. Le chrétien peut se poser la question de la manière dont il peut agir, à la mesure de ses capacités, pour bâtir un monde meilleur, plus juste, plus respectueux de l'homme et de la planète. Le monde tel que Dieu l'avait voulu avant l'irruption du péché.

S'engager, c'est choisir de se donner dans le temps. Choisir d'éviter le « one shot » de l'excitation généreuse d'un don spontané, mais parfois frivole et souvent sans lendemain. S'engager, c'est dire, par-delà les états d'âmes : « je pérennise des moyens, du temps, de l'énergie pour une cause que je trouve juste et bonne ». S'engager, c'est choisir de donner l'arbre plutôt que la pomme. C'est un acte éminemment humain, responsable, adulte. La notion d'engagement appelle la notion de responsabilité envers les autres.

Dieu nous a accordé sa confiance. Il nous a rendus capables d'agir et nous tient pour responsables non seulement de nos actions, mais aussi de nos omissions. Nous serons jugés sur nos actes. Sur ce que nous aurons fait, mais aussi sur ce que nous n'aurons pas fait. L'écrivain roumain Virgil Gheorghiu dit que chacun est le père de ses actes.

Seigneur, aidez-moi à agir bien, et animé de bonnes intentions.

Le temps de Noël

Aux origines de la date de Noël

Au début du IIIe siècle, Clément d'Alexandrie, l'un des pères de l'Église, avançait qu'il n'existait dans l'Église aucune tradition établie quant à la date de naissance de Jésus. En effet, la liturgie primitive était centrée sur la mort et la Résurrection du Sauveur, et l'année liturgique retenait Pâques pour point cardinal. C'est au IVe siècle qu'apparurent, respectivement en Occident et en Orient, les fêtes de Noël et de l'Épiphanie. À Rome, la fête de Noël semble antérieure à 336. On trouve aussi en Orient les vestiges d'un cycle de fêtes en relation avec la Nativité se déroulant au mois de mai, accréditant l'hypothèse d'une fête primitive au printemps. Selon Épiphane de Salamine, évêque et théologien du IVe siècle, les Aloges (chrétiens d'Asie Mineure du IIe siècle) célébraient la naissance de Jésus le 21 mai.

Alors, comment l'Église romaine a-t-elle retenu la date du 25 décembre ? Sur quels fondements historiques ? Aucun document n'atteste le jour de la naissance de Jésus. Cette date serait issue de spéculations sur celle de la mort du Christ d'une part, de fêtes païennes du solstice d'hiver d'autre part. Les opinions divergent aujourd'hui encore.

En Gaule, la date du **25 mars** était reconnue comme celle de la mort du Christ ; ainsi donna-t-elle lieu à une fête de la Passion. Mentionnée par Tertullien, premier père de l'Église d'Occident, elle est citée dans les Actes de Pilate, un Évangile apocryphe très estimé en Orient. Il est à noter que, dans le calendrier romain, le 25 mars était aussi la date de l'équinoxe de printemps, symbole de renaissance de la terre.

Dans la tradition hébraïque, la mort des prophètes intervient toujours à la même date que celle de leur conception. Par conséquent, si le Christ était mort un 25 mars, l'Annonciation aurait eu lieu un 25 mars également, et la naissance neuf mois plus tard, soit un 25 décembre. Converti au christianisme, l'empereur romain Constantin Ier (vers 272-337) décida de célébrer la naissance de Jésus ce jour-là, ce qui fut communément admis au sein du monde chrétien comme le jour de Noël.

Dans le calendrier Julien, le 25 décembre marquait en outre **le solstice d'hiver** ; à cette occasion, des fêtes païennes héritées de la Rome antique célébraient le retour prochain de la lumière. Organisées en l'honneur de Saturne, dieu de l'Agriculture, ces « Saturnales » s'étalaient entre le 17 et le 23 décembre. Signalons également, à cette même période de l'année, la fête de la naissance du dieu solaire Sol Invictus (établie par l'empereur Aurélien en 274 ap. J.-C). Dieu d'origine indo-perse, s'apparentant à la fois à Apollon et à Mithra, il était considéré comme le maître et l'artisan de la Création, le médiateur entre le Ciel et la Terre. Dans ce culte dit « à mystères », des prières étaient adressées au Soleil invaincu. Le symbolisme de la fête du solstice fut associé au thème du Christ, « soleil de justice », présent dans la littérature des IIe et IIIe siècles.

« La datation de Noël est le point de convergence de la date supposée de la mort du Christ et des célébrations antiques du solstice d'hiver. »

« Là, se trouve la demeure du soleil : tel un époux, il paraît hors de sa tente, il s'élance en conquérant joyeux. »
Psaume 18, 5.

L'année de la naissance du Christ

Outre la question du 25 décembre se pose aussi la question de l'année de naissance de Jésus-Christ. C'est un recensement qui, au temps du roi Hérode Ier le Grand (- 73 à - 4 avant J.-C.), fit venir Joseph et Marie, alors enceinte, à Bethléem, accomplissant ainsi la prophétie de Michée selon laquelle le pasteur d'Israël naîtrait dans cette ville (Michée 5, 1-3). Ledit recensement aurait été décrété entre -6 et -4 avant notre ère.

En tant qu'événement historique, c'est un marqueur temporel que l'on retrouve dans l'Évangile selon saint Luc au chapitre 2, verset 1. Saint Luc contextualise également le commencement de la vie publique du Christ en mentionnant la quinzième année du principat de Tibère César (Luc 3, 1).

Le commencement de notre datation des années remonte au moine Denys le Petit (dit Dionysius Exiguus, né vers 475 et mort entre 537 et 555). Il est fort probable que l'an zéro de notre ère ne soit pas l'année précise de la naissance du Christ. Mais là n'est pas l'important : le christianisme débute par un fait historique plutôt que par une date précise, et ce fait est l'Incarnation.

Joseph et Marie en route vers Bethléem, enluminure d'un manuscrit (vers 1400).

L'esprit de Noël

La période de Noël ne ressemble à aucune autre dans l'année. Flotte dans la rue et dans les cœurs une légèreté, une joie et un désir de partage : on parle d'« **esprit de Noël** ». Une grâce descend sur les cœurs. Les familles se réunissent. Chacun tente de ne pas faire peser sur les autres ses états d'âme. Car la fête qui arrive transcende les problèmes du quotidien, les petites mesquineries et les grandes peines, les rancœurs et les frustrations. Il est bon de les laisser passer au second plan, et d'accepter cette parenthèse d'entente.

Il émane de la fête de Noël un élan d'amour protecteur, à l'image de celui que Dieu nous porte. Noël est une fête de paix, un moment privilégié pendant lequel toute forme de violence doit être proscrite. Une célébration de la maternité, aussi, car c'est au commencement l'histoire d'une mère qui met au monde un enfant.

> *« Une jeune mère a enfanté le Roi dont l'amour est éternel, unissant les joies de la mère à l'honneur de la virginité. »*
> *Deuxième antienne de l'office des Laudes lors de la fête de la Nativité, Vetus Ordo du rite romain.*

Parce qu'un Sauveur nous est né, cette nuit vient bouleverser le monde, ouvrir un nouveau chapitre du livre de l'Univers. Jusque-là, l'humanité attendait un Sauveur annoncé dans les textes de la Bible. Or, ce jour voit l'accomplissement de l'attente du Messie qui traverse tout l'Ancien Testament. Il marque un passage : ce qui était promis arrive enfin. C'est le mystère de l'Incarnation, la venue de Dieu parmi les Hommes, Dieu fait chair.

> *« Le bienheureux auteur du monde revêt le corps d'un pauvre esclave, afin de sauver par la chair, la chair de ceux qu'il a créés. Il daigna coucher sur la paille, il ne refusa pas la crèche, il se nourrit d'un peu de lait, lui qui nourrit les oiseaux même. »*
> Extrait de l'antique hymne de l'office des Laudes de Noël, Vetus Ordo du rite romain.

LA TRÊVE DE NOËL

Lors de la trêve de Noël de 1914, Allemands et Britanniques ont suspendu les hostilités. Chrétiens les uns comme les autres, ils se sont accordés sur l'impossibilité de se battre un tel jour. En 1944 encore, certains Allemands et Américains ont également observé un temps de répit dans le conflit autour de cette période. Les origines de ces trêves de Noël sont à trouver dans la « trêve de Dieu » instaurée au Moyen Âge en 989, lors du concile de Charroux : celui-ci fixait des jours dévolus aux combats et d'autres où toute violence était bannie.

Hodie no R.
b celo
rū rex de uirgine na
sci di gnatus ē ut
hominē pditū ad re

Cathédrale Santa Maria Assunta, à Atri (Abruzzes, Italie). Fresque d'Andrea Delitio (XVᵉ siècle).

Le sens de Noël : l'Incarnation

Dieu, qui nous a créés à son image, a pris corps et a trouvé un visage. Avec Noël se réalise la promesse faite par Dieu aux prophètes de l'Ancien Testament : l'Incarnation. En se faisant enfant, il vient abolir la distance entre l'homme et le divin. Il invite à un lien de proximité avec Lui, et de confiance.

L'Ancien Testament incitait le croyant à adopter une attitude de crainte filiale vis-à-vis de Dieu. La crainte filiale diffère de la crainte servile, car c'est par amour qu'elle refuse d'offenser Dieu, tandis que la crainte servile fait agir par peur du châtiment. L'intention était d'inculquer au peuple le sens de la transcendance du Dieu vivant et le respect à lui accorder. Le livre du Lévitique détaille d'ailleurs avec minutie les règles liturgiques à respecter dans les relations avec Dieu. Dieu étant unique et transcendant toute chose, un traitement spécifique lui est dû et réservé. C'est tout le sens du sacré, de ce qui est séparé, distinct du monde profane. Dieu est autre ; il est le Créateur, mais ne peut être ni confondu avec sa Création ni assimilé à elle. La conscience de la grandeur de Dieu était poussée à son paroxysme.

Dans l'Ancien Testament, l'invocation de Dieu comme Père reste rare. Elle apparaît seulement chez quelques prophètes (Osée, Jérémie et Isaïe). En revanche, le Nouveau Testament insiste sur cette paternité. Jésus s'adresse à son Père en l'invoquant sous le nom d'*Abba*, « Papa ». Cette expression araméenne exprime un rapport filial unique entre eux. « *Personne ne connaît le Père sinon le Fils, et celui à qui le Fils veut le révéler.* » (Matthieu 11, 27.)

Le Dieu de l'Ancien Testament est pourtant le même que celui du Nouveau Testament. Les Évangiles fourmillent de références montrant la continuité entre le Dieu d'Israël et Jésus, Dieu fait homme. « *Je ne suis pas venu pour abolir mais pour accomplir* » (Matthieu 5, 17). Une autre phrase revient souvent dans l'Évangile : « *N'ayez pas peur.* » En se faisant petit enfant pour nous, Dieu nous montre qu'Il nous aime. En endossant dans le Christ nos souffrances, il nous prouve sa proximité avec nous. Nous sommes dès lors incités à envisager autrement notre attitude vis-à-vis de Lui, à tenir l'équilibre entre distance humble envers sa divinité, et intimité confiante envers son humanité. « *Je ne vous appelle plus serviteurs […], mais je vous ai appelés amis* », dit Jésus (Évangile selon saint Jean 15, 15).

La Vierge Marie donne naissance à l'Enfant Jésus. Un enfant particulier, car engendré par l'Esprit Saint dans le corps de Marie, selon l'annonce de l'ange Gabriel :

> « *Voici que tu vas concevoir et enfanter un fils. Tu lui donneras le nom de Jésus. Il sera grand, il sera appelé « Fils du Très-Haut ».* »
> Luc 2, 31.

Dès lors, il devient possible de toucher et d'être touché par Dieu. En se faisant enfant, Dieu tout-puissant a assumé le terrain de la sensibilité, endossé la matière. Et puisqu'elle vient de Dieu, cette matière ne saurait être un mal. En se faisant homme, Dieu accomplit toutes les promesses de l'Ancien Testament. L'Incarnation sonne comme une révolution dans la relation à Dieu. Puisqu'il s'est fait homme, il sera désormais appréhendé tout autrement.

Nativité, mosaïque byzantine de l'église de La Martorana, à Palerme, Sicile (Italie), XIIe siècle.

La crèche

La crèche est le symbole chrétien de Noël. Elle rappelle la naissance de Jésus, épisode relaté dans l'Évangile selon saint Luc. Né dans une étable de Bethléem, l'enfant est déposé dans une mangeoire (à l'origine, le mot français « crèche » désigne la mangeoire, du francique *krippia*), signe de dépouillement et d'humilité. Joseph et Marie l'entourent dans une posture de recueillement.

La crèche rassemble. Tous ceux qui sont loin de leurs proches le jour de Noël et qui ressentent un sentiment de solitude peuvent trouver auprès d'elle un réconfort et un esprit de famille.

Les sections de la Légion étrangère ont ainsi coutume de créer chaque année leur crèche, en y plaçant non seulement la Sainte Famille, mais aussi d'autres éléments qui rappellent les événements survenus sous leurs yeux au cours de l'année.

Évangélisation

Entre le premier dimanche de l'Avent et le jour de la saint Nicolas, le 6 décembre, des crèches sont installées dans les foyers, au pied du sapin. Elle peut s'être transmise de génération en génération, ou bien avoir été fabriquée de toutes pièces, enrichie d'une année sur l'autre de nouveaux santons ou accessoires achetés sur les marchés de Noël. Les personnages de Marie et Joseph sont placés à l'intérieur, souvent entourés de l'âne et du bœuf, tandis que les moutons, les bergers et les rois mages sont disposés à l'extérieur, le regard tourné vers l'étable. Quant à l'Enfant Jésus, il ne sera déposé que durant la nuit de Noël. Dans cette composition scénique, l'ensemble de la Création est représenté : les anges, les hommes, les animaux et l'environnement naturel, le tout en harmonie autour de l'Enfant divin. Les rois mages, représentant l'univers de la science et de la raison, arrivent d'Orient comme pour accueillir Jésus dans la dimension la plus globale et universelle. Le Christ s'est incarné pour tous, partout et de tout temps. La crèche offre ainsi un message d'espoir et de paix pour l'humanité.

> « Élément vivant ancré dans les traditions familiales et régionales et modelées par elles, la crèche enseigne les épisodes de la Nativité de manière imagée et tangible. »

Avec la crèche, la vie du Christ est enseignée de manière narrative, imagée et sensible. La crèche raconte l'Évangile à qui ne sait pas lire ou ne le lira pas. Elle rend le mystère accessible et tangible, participant ainsi à l'évangélisation.

Elle s'adapte à la culture de chaque pays ou chaque région, par les matériaux utilisés pour la fabrication de personnages, la reproduction d'un village local, d'une maison folklorique ou d'une grotte. Le membre de la famille qui la réalise choisit aussi l'élément à mettre en valeur en fonction de la résonnance spirituelle qu'il lui attribue. Quelle place donner aux bergers ? Le choix de leurs vêtements les identifiera tantôt à une tradition régionale, tantôt à l'époque du Christ par souci de reconstitution historique. Faut-il accorder toute la place à la Vierge Marie ? Et saint Joseph ? Dans certaines familles encore, chaque enfant a son mouton. Chaque jour, il l'avance vers la crèche s'il a été sage, le recule dans le cas contraire. L'enfant comprend ainsi qu'un bon comportement rapproche de Jésus. L'exercice est à la fois pédagogique et spirituel. La scène est unique, modulable à l'envi, mais elle ne dure que le temps liturgique de Noël.

Hommages à la scène de la Nativité, les premières crèches vivantes sont apparues au XIIIe siècle en Italie dans la région de Naples, où elles se sont répandues, la tradition essaimant jusqu'en Provence.

De nos jours, certaines paroisses en organisent encore. Les enfants se déguisent pour interpréter l'épisode biblique de la naissance dans une étable. Ils sont accompagnés d'une brebis, parfois même d'un vrai bébé, déposé dans les bras d'une jeune fille déguisée en Vierge Marie.

Il ne s'agit pas de liturgie mais de paraliturgie, un mode de piété qui fait appel tant à notre expérience qu'à nos émotions. Si cette coutume comporte la subjectivité des costumes et des jeux d'acteurs, la dimension tout à la fois didactique et ludique de ces paraliturgies leur donne toute leur place au sein des paroisses. Car elles nourrissent la foi des fidèles et leur donne à vivre la religion avec leur sensibilité personnelle.

Les santons (« petits saints » en provençal) de Provence, figurines d'argile peintes, se sont répandus au XIXe siècle. Ils reconstituent toute une société, avec son cadre de vie et ses figures sociales : le boumian, le ravi, le boulanger, le pistachier, l'aveugle et son fils... La liste des personnages est longue.
Coiffé d'un bonnet et levant les bras pour exprimer son ravissement à la naissance de Jésus, le ravi nous invite à l'imiter : adoucissons nos âmes et continuons à nous émerveiller de la vie et de notre lien à Jésus.

La Sainte Famille, icône de Dieu

« Les premiers témoins de la naissance du Christ, les bergers, se trouvèrent non seulement en face de l'Enfant Jésus, mais d'une petite famille : la mère, le père et le fils nouveau-né. Dieu a voulu se révéler en naissant dans une famille humaine, et c'est pourquoi la famille humaine est devenue une icône de Dieu ! Dieu est Trinité, il est communion d'amour et la famille en est une expression qui reflète le Mystère insondable de Dieu amour. »
Benoit XVI, Angélus, 27 décembre 2009.

Composée de Joseph, Marie et Jésus, la Sainte Famille, unie par l'amour et ordonnée à Dieu, constitue un modèle pour toutes les familles. Joseph est l'époux de Marie et le père de Jésus. Un père non pas biologique, mais adoptif. Il est l'époux qui respecte, par consentement mutuel, la virginité de son épouse avant, pendant et après son mariage. Professée par l'Église depuis les origines, la virginité perpétuelle de Marie est la preuve que l'Enfant qu'elle porte est le fils non d'un homme mais de Dieu. Un dogme qui nous dépasse, mais atteste de la divinité du Sauveur.

Dans son ouvrage *La Vie quotidienne en Palestine au temps de Jésus*, Daniel Rops explique qu'au temps de l'Israël antique, la famille constituait la cellule fondatrice et la pierre angulaire de la société. Ses membres se sentaient comme « les mêmes os, la même chair », et toute la législation s'était développée à partir de ce principe. Le terme même de « famille » recouvrait une réalité plus large qu'aujourd'hui. En araméen, le mot *aha*, en hébreu *ah*, signifiait à la fois « frère », « cousin », voire « proche parent ». L'Évangile selon saint Matthieu (par exemple au chapitre 12, verset 46) parle ainsi des « frères » de Jésus, alors même qu'il était fils unique. Assurer la permanence de cette notion de famille était fondamental. « *Soyez féconds, multipliez, remplissez la terre* », intime Dieu (Genèse 1, 28).

« C'est dans la sainte Famille, cette « Église en miniature » par excellence, que toutes les familles chrétiennes doivent trouver leur reflet. En elle, en effet, « par un mystérieux dessein de Dieu, le Fils de Dieu a vécu caché durant de longues années. Elle est donc le prototype et l'exemple de toutes les familles chrétiennes. »
Saint Jean-Paul II, *Redemptoris custos, n° 7.*

« Grande icône et miniature de l'Église, représentation de cette Église et prototype de toute famille chrétienne, la Sainte Famille incarne l'amour et la miséricorde tout en rappelant la place centrale de Jésus. »

FOI

JÉSUS, SAUVEUR DE QUI, DE QUOI ?

Le nom de Yeshoua (Jésus ou encore Josué) était assez commun à l'époque de la naissance de l'Enfant de Marie. Dérivant de l'hébreu *Yehowshuwa*, « Yahweh est salut » ou « le Seigneur sauve », ce nom Lui fut donné par Joseph le jour de sa circoncision (Matthieu 1,21). Que faut-il attendre de Lui, demande Benoît XVI ? On l'appelle Sauveur. Mais de quoi vient-il au juste nous sauver ? « *C'est lui qui sauvera son peuple de ses péchés* », nous répond l'Évangile selon saint Matthieu (1, 21). Cette réponse est à méditer.

La mission de Jésus est théologique, d'ordre divin : le pardon du péché, « un manquement à l'amour véritable, envers Dieu et envers le prochain » (selon le Catéchisme de l'Église catholique). Aussi, avant de venir au secours de nos misères, de nos maladies et nos souffrances, Jésus vient nous sauver du vrai Mal. Il vient s'occuper d'une relation fondamentale et la soigner : notre relation à Dieu et notre alliance à Lui.

La nature de cette mission nous interroge sur ce que nous attendons de Dieu et Lui demandons. Quel est l'objet de ma prière ? Qu'ai-je à Lui demander ? Quel est le sens des mots que j'utilise pour m'adresser à Lui ?

Les animaux : l'âne et le bœuf

Aucun des récits évangéliques n'évoque la présence de l'âne et du bœuf dans la scène de la Nativité. C'est un écrit apocryphe, l'Évangile dit du Pseudo-Matthieu, qui en parle, faisant émerger la tradition populaire : « *Marie dépose l'enfant dans la crèche, et le bœuf et l'âne, fléchissant les genoux, adorèrent celui-ci. Ainsi furent accomplies les paroles du prophète Isaïe disant : "Le bœuf a connu son propriétaire, et l'âne, la crèche de son maître"* » (Isaïe 1, 3).

Au XVIe siècle, le concile de Trente lui-même statua sur les crèches. Il prohiba l'âne et le bœuf afin justement d'épurer la crèche des croyances fondées sur les textes apocryphes. La prohibition fut vaine, car le peuple était déjà très attaché à ces deux animaux.

Par-delà le fragile fondement historique, ces deux animaux sympathiques et populaires, portés par la tradition orale, rencontrent le succès que l'on sait dans les crèches du monde entier.

L'étoile du Berger

> *« Une étoile se lèvera de Jacob, un sceptre surgira d'Israël. »*
> *Livre des Nombres 24, 17.*

L'étoile du Berger correspond plus vraisemblablement à la planète Vénus, connue pour sa grande luminosité, et dont l'apparition marquait le début ou la fin de la journée des bergers. Elle n'a pas éclairé le chemin des bergers ; eux ont appris la Bonne Nouvelle de la naissance de Jésus par un ange. En revanche, les mages ont bien été guidés par une étoile, mentionnée dans l'Évangile selon saint Matthieu (chapitre 2, verset 2) : « *Où est le roi des Juifs qui vient de naître ? Nous avons vu son étoile et nous sommes venus nous prosterner devant lui.* » Selon Joseph Ratzinger dans *L'Enfance de Jésus*, la marche des mages guidés par l'étoile représente le mouvement des peuples vers le Christ. Cela signifie que le cosmos, dans son langage si difficile à déchiffrer, parle du Christ. Le langage de la Création suscite chez l'homme l'intuition du Créateur, l'attente de la manifestation de Dieu un jour prochain, en même temps que la conscience que l'homme peut et doit aller à sa rencontre.

Dans le monde païen, les astres étaient considérés comme des divinités présidant au destin des hommes. Or désormais, ce n'est pas l'étoile qui décide du destin de Jésus, mais bien Jésus qui guide l'étoile, partie intégrante de la Création.

> *« À la vue de l'astre, ils se réjouirent d'une très grande joie. »*
> Évangile selon saint Matthieu (chapitre 2, verset 10).

Les mages sont guidés par cette étoile jusqu'à Jérusalem. Puis l'étoile s'éteint. Les mages font alors appel au roi et à ses prêtres, dont la connaissance a été révélée par Dieu. Les prêtres leur répondent en se référant à l'Écriture Sainte : Bethléem serait le lieu de naissance de l'Enfant. Les mages reprennent leur chemin dans cette direction, à nouveau guidés par l'étoile redevenue brillante.

Quel est le sens de cette brillance pleine ou atténuée et du recours à l'Écriture ? L'information apportée par l'étoile a besoin d'être complétée par la révélation de l'Écriture, qui vient parachever l'indication de l'étoile et faire toute la lumière sur la Création. Dans ce périple jusqu'à l'Enfant la contemplation de la Création par les mages est un chemin vers Dieu. Et la Révélation, c'est-à-dire ce que Dieu dit de Lui-même, achève de donner le chemin, signifiant que l'Étoile comme l'Écriture sont toutes les deux issues de Dieu.

Mais une question demeure en suspens : de quelle nature était cette fameuse étoile ? A-t-elle historiquement existé ? Benoît XVI rappelle que la conjonction de Jupiter et de Saturne dans le signe zodiacal des Poissons en l'an -7 ou -6 avant Jésus-

Christ (probable année réelle de la naissance de Jésus) semble avérée. Cette conjonction aurait pu orienter les astronomes babyloniens et perses, et les inciter à se mettre en route en direction de la Judée. Pour autant, cette hypothèse ne lève pas le mystère qui entoure cette étoile.

Les bergers

Selon Daniel Rops, garder les moutons et les chèvres peut sembler un métier facile en apparence. Mais on sait que certains troupeaux comptaient plusieurs milliers de bêtes. Un rude travail exigeant une vigilance constante. Certes, les chiens aidaient, mais hyènes, chacals, loups et même ours n'étaient pas rares, et il fallait parfois livrer bataille.

Quand l'Évangile de Jean indique que « *le bon berger donne sa vie pour ses brebis* » (Jean 10, 11), la formulation ne relève pas seulement de la métaphore. Des liens affectifs liaient les bergers à leur troupeau, donnant aux paraboles de Jésus sur la vie pastorale un large écho auprès de ses contemporains.

L'Évangile de Luc rapporte que les bergers étaient aux champs au moment de la naissance de Jésus : « *Il y avait des bergers qui vivaient dehors et passaient la nuit dans les champs pour garder leurs troupeaux* » (Luc 2, 8). Or, on sait que les troupeaux passaient l'hiver… dans les bergeries. Ce détail loin d'être anodin révèle que la datation traditionnelle de la naissance de Jésus en hiver a peu de chance d'être exacte.

« Dans l'Orient ancien, la figure du berger était une figure d'autorité protectrice et un symbole royal. Jésus est devenu le Roi-berger ou le bon berger qui guide son peuple. »

« C'est pourquoi, quiconque se rendra humble comme ce petit enfant sera le plus grand dans le royaume des cieux. »

Matthieu 18, 4.

« Jésus leur parla de
nouveau, et dit : Je suis
la lumière du monde ; celui
qui me suit ne marchera
pas dans les ténèbres,
mais il aura la lumière
de la vie. »

Jean 8, 12.

Le sapin

Dans l'église Saint-Georges de Sélestat (Alsace), des sapins sont suspendus chaque année pour Noël depuis 1521.

Avec la crèche, le sapin est l'autre tradition incontournable de Noël. L'arbre de Noël est issu d'une pratique païenne liée à la mythologie nordique. Au moment du solstice d'hiver, on célébrait la renaissance du soleil avec un arbre incarnant le renouveau et la vie, décoré de fleurs, de fruits secs et de blés. Les Romains également, lors des Saturnales, décoraient leurs maisons de branches parées de bougies. Mais le sapin de Noël tel que nous le connaissons, mentionné pour la première fois comme « arbre de noël », est apparu en Alsace dans les années 1520 : en l'église Saint-Georges de Sélestat, les sapins de Noël sont attestés depuis 1521.

En Alsace, ce conifère représentait l'arbre du jardin d'Éden. On y attachait des pommes. Selon une coutume plus ancienne encore, dont on retrouve la trace dans un roman du XIIIe siècle *Durmars le Gallois*, Parsifal admire un arbre évocateur de l'arbre de la connaissance du bien et du mal, chargé de flammèches qui brûlent à rebours les unes des autres.

« *Pour Noël, il est de tradition de dresser des sapins dans les maisons ; on les orne de roses multicolores en papier, de pommes, d'hosties peintes, de sucre.* »

Un anonyme de Strasbourg en 1605.

« Le sapin de Noël peut évoquer l'arbre du paradis du Jardin d'Éden, le lien entre ciel et terre, la croix du Christ dont l'Incarnation sauve l'humanité. »

Enseignement

Les pentes du sapin invitent l'âme à une ascension jusqu'à son sommet qui, telle une flèche, tutoie le ciel, et donc le divin. Lui-même a poussé sur les hauteurs et son feuillage reste toujours vert, couleur de l'espérance, se maintient sans vieillissement précoce.

Intérieur de la basilique Sainte-Anne-de-Beaupré dans la ville éponyme, au Québec.

La messe de Minuit

« Le Seigneur m'a dit : Tu es mon Fils ; moi ; aujourd'hui, je t'ai engendré. »
Antienne d'ouverture de la Messe de Minuit.

Entrer dans la nuit de Noël, c'est entrer dans une atmosphère de joie et de féerie. La famille se prépare à partir à la messe de Minuit. Parfois, elle est célébrée plus tôt dans la soirée pour permettre aux enfants d'y assister. Le temps ce soir revêt quelque chose d'inhabituel, de suspendu, d'« extra-ordinaire » au sens littéral du terme, et d'intime tout à la fois.

Le jour de Noël, le prêtre peut célébrer trois messes, symbole probable de la triple naissance du Christ : sa génération éternelle dans le sein du Père, sa naissance temporelle de la Vierge Marie, et sa naissance dans l'âme des fidèles. Il se présente en ornement blanc, couleur festive et joyeuse. Ce blanc chasse l'austérité pénitentielle du violet, couleur de l'Avent, qui ne reparaîtra sur les ornements qu'au Carême. Le prêtre dépose solennellement dans la crèche paroissiale un santon représentant l'Enfant Jésus. Une fois l'Enfant déposé dans la crèche, la messe de Minuit commence.

FOI

LA PETITESSE DE L'ENFANT

Lors de la messe de Minuit, nous célébrons le bébé Jésus. En réalité, les grandeurs humaines sont relatives. Dans cette optique, les réussites sociales, financières et politiques deviennent alors vaines, dépourvues de sens, ou sont reléguées au second plan. Devant l'Enfant divin, nous sommes tous égaux. Les premiers à le contempler et à l'adorer dans sa petitesse – petitesse tant physique que sociale – ont été les bergers, des personnages eux-mêmes au bas de l'échelle sociale.

Vivre Noël à la maison

Vivre Noël à la maison lors d'un réveillon qui précède ou prolonge la messe de Minuit, c'est prolonger la liturgie de l'Église universelle dans l'intimité du foyer. Elle y est incarnée, adaptée à ceux qui y habitent. C'est la *domus ecclesiae*, l'église domestique. L'expression remonterait à la maison de Priscille (Priscilla ou Prisca) et Aquila (ou Aquilas), saint couple ami de saint Paul, qui voyait l'Église naissante se réunir en sa maison : « *Saluez l'Église qui se rassemble dans leur maison* » (épître aux Romains 16, 5). Il s'agit de vivre chez soi, dans le cadre et le cocon de la famille, ce que nous avons reçu dans la grande famille de l'Église. Car depuis ses premiers temps, l'Église est indissociable de la notion de famille. Le vocabulaire de la famille s'est d'ailleurs répandu dans l'Église. Comme le rappelle Marie-Françoise Baslez dans *L'Église à la maison*, on désigne les chrétiens sous le nom de frères, de sœurs, de pères et de mères. Le mot de « pape » vient lui-même du mot grec *pappas* qui signifie « père », « patriarche ».

À la maison, c'est dans une certaine intimité que Noël se vit et se célèbre, dans la chaleur d'un intérieur qui réchauffe les cœurs. Pour autant, les pratiques spirituelles vécues en famille n'ont rien de secret ni d'occulte. Il ne s'agit pas de merveilleux au sens de magique. Au contraire, Dieu entre dans notre normalité. La famille chrétienne n'a rien à cacher de sa manière d'honorer la naissance du Seigneur.

De même, pratiquer sa foi dans l'intimité de sa famille et de ses proches ne signifie pas cultiver un entre-soi qui séparerait de la vie en société. Il est bon, et même nécessaire, de rester présent aux réalités familiales et amicales, de savoir accueillir les gens de l'extérieur : amis, connaissances, voisins… En ce temps de Noël enfin, laisser son cœur ouvert aux pauvres prend particulièrement du sens : se montrer solidaires envers les plus démunis, notamment lors de collectes ou d'autres œuvres caritatives organisées par des associations.

C'est ainsi que l'Évangile, depuis toujours, se transmet de proche en proche et à travers toute la communauté. La maison en est le premier lieu d'expérimentation. Les traditions sont diverses, chaque maisonnée ayant ses coutumes et ses variantes, dans un va-et-vient permanent entre la grande Église et l'*ecclesiola*, la petite église. Ainsi

> « Je vous annonce une grande joie : aujourd'hui vous est né un Sauveur qui est le Christ, le Seigneur ! Alléluia. »
>
> Luc 2, 10-11.

s'exprime la vie dans sa souplesse, dans le respect des individualités, des rythmes personnels, des chemins spirituels de chacun vers le Christ et avec Lui.

Si les coutumes de Noël varient selon les foyers, elles divergent aussi selon la géographie, certains pays et régions ayant leurs variantes et spécialités. Selon Maurice Vloberg dans *Noëls de France*, en Bretagne, on ne passait à table qu'après le coucher du soleil, et après avoir compté neuf étoiles en mémoire des neuf mois d'attente de la Vierge. Le menu était frugal : un petit pain rond sans beurre. En revanche, on multipliait les *Ave Maria* en signe de compassion pour la Vierge Marie.

En Provence, la mélancolie ne préside pas la table. Le repas de réveillon se compose de poisson (une muge aux olives). Le pain de Noël en revanche, marqué d'une croix et placé au milieu de la table, n'est pas entamé avant le 1er janvier. Et sur la nappe à carreaux, trois chandelles sont posées sur la table en l'honneur de la Sainte-Trinité. Depuis le XVIIe siècle se perpétue la tradition des treize desserts, en hommage au nombre de convives au repas de la Cène : le Christ avec ses douze apôtres. Parmi ces mets sucrés en signe d'abondance figurent entre autres fougasses, biscuits, fruits secs, confitures et nougats.

En Vaucluse enfin, notamment à Carpentras, on plonge la tige d'une rose de Jéricho dans un vase d'eau placé au milieu de la table. On fait ainsi mémoire d'une légende selon laquelle la Vierge faisait sécher sur des roses (qui dans les faits étaient plutôt des anémones) les langes de l'Enfant Jésus.

La table du partage

La table est dressée pour le repas du retour de la messe de Minuit. Elle est attrayante sans toutefois déborder de victuailles : elle offre du réconfort. De même que pour les cadeaux, si l'opulence de la table marque la dimension festive de Noël, elle ne doit pas occulter la vraie valeur de cette fête : la joie de la naissance de Jésus, le plus modeste des hommes. Au-delà des plats de fête, c'est un tout petit enfant que l'on reçoit entre ses mains. Le jour de Noël, une dinde et une bûche sont partagées sur la table. La dinde était autrefois un animal de meilleure qualité que la poule ; la réserver à ce repas festif était une manière d'honorer le saint jour de Noël.

Épilogue du repas de Noël, la bûche qui trouve ses origines pâtissières au XIXe siècle symbolise le morceau de bois qui était autrefois mis de côté pour brûler longtemps dans la cheminée, pendant la nuit du solstice d'hiver, la plus longue de l'année. Selon André Neyton dans *Les Clefs païennes du christianisme* : « *Il s'agissait, en allumant un grand feu, d'aider magiquement la masse ignée du soleil à reprendre de la vigueur et à relever sa trajectoire céleste journalière.* » De la même manière qu'il a converti des temples païens en églises, le catholicisme a simplement christianisé une coutume déjà existante. La bûche de bois était éteinte avec de l'eau bénite, les froids charbons étaient pieusement recueillis, et on leur attribuait les vertus du paratonnerre et du bon génie qui veillait sur les poulaillers, les étables et les vergers.

« Ils entrèrent dans la maison,
ils virent l’enfant avec Marie sa
mère ; et, tombant à ses pieds,
ils se prosternèrent devant lui.
Ils ouvrirent leurs coffrets, et lui
offrirent leurs présents : de l’or,
de l’encens et de la myrrhe. »

Matthieu 2, 11.

Enseignement

Les cadeaux de Noël

Les cadeaux sont sans doute l'une des traditions le plus naturellement associées à Noël aujourd'hui. Rappellent-ils les offrandes des Rois mages à l'Enfant Jésus ?

Dans l'Antiquité, on faisait volontiers cadeau au pauvre qui sonnait à sa porte. De même, les bêtes bénéficiaient d'un traitement de faveur : elles recevaient un peu plus de fourrage, en mémoire de l'âne et du bœuf. Dans cet esprit de don se sont ouvertes les quêtes de Noël. Puis la coutume des cadeaux s'est perdue au fil des âges. Dans la France du XVIIe siècle, les étrennes étaient données non pas le 25 décembre, mais le 1er janvier. Et dans les pays germanophones, aujourd'hui encore, le grand moment des cadeaux est la Saint-Nicolas, le 6 décembre.

De nos jours, la tradition consiste à accrocher une chaussette à la cheminée ou à déposer ses souliers au pied du sapin, près de la crèche. La chaussette ou le soulier dit la singularité de la personne ; sa présence manifeste l'attente en cette divine nuit. Pendant la nuit, les parents déposent les cadeaux à l'insu des enfants. Symboliquement, c'est Jésus qui apporte ces présents. C'est tout un imaginaire familial qui se développe. Cet imaginaire a donné lieu aux croyances païennes du père Noël déposant les cadeaux au pied du sapin, ou de la petite souris qui récupère sous l'oreiller les dents de lait tombées et y laisse une pièce.

Dans tous les cas, Noël est intimement lié à la notion de don. Au fil des décennies, les friandises et les oranges déposées dans les sabots ont laissé place à des jouets plus coûteux sous le sapin.

Bien sûr, cette corrélation entre don du Fils de Dieu et cadeaux a été exploitée par les grandes enseignes qui y ont perçu tout le potentiel commercial. De nos jours, le danger est grand de se laisser emporter par l'avidité et le désir matériel, et d'oublier ce qui se cache derrière le cadeau. Le fondement religieux de cette pratique s'estompe souvent dans le temps, se perd dans la surabondance des présents. Mais demeure la belle idée de Noël comme une fête familiale lors de laquelle les proches s'échangent des cadeaux dans un esprit de partage et de joie.

Gardons toujours à l'esprit que pour le chrétien, l'ultime présent est bien le Christ.

Vivre Noël en famille et avec ses proches

L'amour, celui que nous donnons comme celui que nous recevons, est le témoin de l'amour du Christ, donc de l'amour de Dieu. Le pape François a défini les amis comme « *le reflet de l'affection du Seigneur, de sa consolation et de sa présence* ». Qu'il soit filial, conjugal ou amical, l'amour est à mettre en parallèle avec celui de Dieu pour l'Homme, enfant de Dieu.

Nous célébrons le 29 décembre la Sainte Famille, composée de Marie, Joseph et Jésus. Ce temps peut amener le chrétien à réfléchir sur sa propre vie de famille et de couple, sa relation avec son conjoint, ses enfants, ses parents, ses frères et sœurs. Cette famille, que la célébration de Noël place au centre, est la cellule de base de la communauté humaine. En cette période, nous la contemplons et y voyons attention, douceur, unité, écoute mutuelle et respect de chacun.

L'unité

Noël est une fête qui, souvent, réunit les familles. Le mot « réunion » porte la notion d'harmonie et d'unité pour laquelle Jésus a prié juste avant sa mort : « *Que tous soient un, comme toi, Père, tu es en moi, et moi en toi.* » (Jean 17, 21)

Parmi ses nombreuses dénominations, le diable porte le nom de Diviseur. Il désunit, oppose, fracture, abîme, creuse les différences. Il n'est pas favorable à l'unité car l'unité est fille et signe de Dieu. Considérons ce qui nous divise et ce qui nous unit à l'aune de cette clé de lecture : ce qui divise est ce qui éloigne de Dieu ; ce qui unit, ce qui rapproche de Dieu. L'unité est dite en Dieu lui-même, sa nature même étant l'unité dans la diversité des personnes : un Dieu unique, et trois personnes distinctes - quel mystère. Dieu est la réunion, l'unité absolue. Il n'y a rien de divisé en Lui. Nous n'avons pas trois dieux, mais bien un seul Dieu. Aussi nos divisions se résoudront-elles en Lui.

L'unité n'est pas l'uniformité. L'uniformité égalise, nivelle. C'est la même chose pour tout le monde. Elle fait allusion à un prêt-à-penser, un prêt-à-croire, un prêt-à-vivre. C'est pourquoi elle est si peu attrayante. Elle évoque l'atmosphère d'un pensionnat aux règles strictes. Mais Dieu n'est pas dans l'uniformité, car Il fait vivre ensemble ce qui est différent ; c'est ce que l'on appelle l'harmonie. Harmoniser nos tensions intérieures, les membres de notre famille, notre société, harmoniser l'Église.

La parentalité, chemin de surprises

Le couple fait fructifier son amour en devenant parents, s'il a la grâce d'une fécondité biologique, ou d'une autre manière, selon sa grâce propre. Ce projet doit être mû par la générosité, car les parents s'engagent pleinement sans attendre de retour équivalent.

En tant que mère, Marie nous montre ce chemin pavé de surprises, d'embûches et de difficultés. À l'ange Gabriel qui lui annonce qu'elle sera la mère du Messie, elle répond « *Fiat* », que l'on traduit par « *qu'il me soit fait selon ta parole* » (Luc 1, 38). Troublée, elle accepte la proposition de Dieu d'un oui entier et sans retour. Elle devient ainsi pour nous un modèle d'acceptation à Dieu et de confiance en Lui. En décidant ou en acceptant de devenir parents, nous acquiesçons sans savoir exactement où nous allons et ce qui nous attend.

Plus tard, lors de leur pèlerinage annuel à Jérusalem, le jeune Jésus, âgé de douze ans, décide de rester à Jérusalem à l'insu de ses parents (Luc 2, 41-52). Naturellement, comme tous parents, Marie et Joseph sont inquiets et se mettent à sa recherche. Quand, après trois jours, ils le retrouvent au Temple, Jésus leur dit : « *Comment se fait-il que vous m'ayez cherché ? Ne saviez-vous pas qu'il me faut être chez mon Père ?* ». Déconcertante sinon rude, la réponse a de quoi étonner Marie et Joseph et les livrer à une certaine angoisse.

JOSEPH, CE MODÈLE DE PÈRE ET D'ÉPOUX

La figure de Joseph nous offre un beau modèle d'époux d'abord, de père ensuite. Loin d'être le vieillard effacé et insignifiant que l'on a trop souvent imaginé, il se révèle présent, mais tout en retenue et discrétion ; attentif aux songes des anges du Seigneur, respectueux, compréhensif et miséricordieux quand il assume la paternité légale de Jésus ; sage et prudent quand il décide de se mettre en route pour Bethléem pour s'y faire recenser.

Être parent, ne serait-ce pas être comme Joseph : accepter sans tout comprendre, accompagner sans imposer, guider sans forcer, être présent sans envahir, écouter sans juger ?

Accepter la vie

L'acceptation est une notion positive de consentement, de choix et de respect, que dit l'étymologie du mot : du latin *acceptare*, « recevoir, accueillir ». Ne pas forcer le tempo. Dieu prime. Imposer le rythme ne serait-il pas irrespectueux ? Les plantes ne poussent pas plus vite si l'on tire dessus. Le souffle de la vie est léger comme les impulsions du Saint-Esprit. La brutalité pourrait éteindre l'Esprit. Violenter le monde offert par Dieu est un non-sens. L'expérience montre que l'on ne peut pas changer les personnes ni les modeler à notre image, selon notre imaginaire et notre volonté. Et c'est bien ainsi. Pourquoi serions-nous des démiurges, à vouloir changer ce qui nous a été donné ? Nous ne sommes pas Dieu et ne pouvons nous substituer à Lui.

Accepter va dans le sens de la réception. Souplesse et coopération sont les maîtres mots de cette attitude de l'âme. Il s'agit de danser au rythme de Dieu. De recevoir ce sur quoi nous n'avons pas la main dans notre vie ; puisque nous ne sommes pas des propriétaires, mais des gestionnaires qui devons rendre des comptes. L'acceptation est une posture de l'âme, une manière de regarder la vie ; c'est choisir de reconnaître dans l'événement un messager de Dieu à rencontrer avec foi, confiance et même gratitude. En acceptant, nous recevons ce qui nous est donné, nous nous rendons disponibles à ce qui nous est présenté. Nous admettons les circonstances indépendantes de nous. Nous épousons le réel tel qu'il est. Nous recevons l'événement et par là, adhérons au mystère.

De là naîtront la paix, et la joie. En acceptant ce sur quoi nous n'avons pas de prise, alors nous pouvons être en paix. La joie, fille légitime de l'acceptation, sera aussi au rendez-vous. Une joie profonde, intérieure, née de la vibrante certitude d'être en phase avec la volonté de Dieu. Le chemin de la joie passe par l'acceptation sincère, profonde de ce que Dieu veut et permet.

Mais accepter n'empêche pas la souffrance. Elle est incluse, intégrée. Elle est un fait. Je peux souffrir, j'ai le droit de souffrir. Et j'accepte tout cela. Je peux regarder Dieu dans la souffrance, la vivre avec Lui.

Trouver la confiance

Cette notion de confiance est heureuse. Que revêt-elle ? Les mots d'abandon, de lâcher-prise, de laisser-faire sont dans toutes les bouches. L'expérience montre que la confiance est vitale dans bien des moments de la vie : **confiance en soi, confiance en l'autre, confiance en Dieu**. Elle est précisément ce qui a été rompu par le péché originel. Il y a donc un enjeu à retrouver la confiance, à vivre de la confiance, à l'accepter.

Pourtant, il n'y a pas de recette magique. Peut-être se reçoit-elle. Peut-être est-elle un cadeau, une grâce, une bénédiction. Il n'est pas de travaux pratiques pour l'acquérir. Elle n'est pas à la portée d'une technique ou d'un savoir-faire, mais relève davantage du savoir-être. Elle se dérobe. Elle est une grâce à demander, et à savoir recevoir. Il est bien difficile de la définir. Elle est une atmosphère, un état d'esprit. Elle est à la fois fragile, mais vitale. Vitale car sans elle s'insinuent dans les rapports humains méfiance et conflictualité. Il est facile de penser que l'autre serait *a priori* un danger pour moi, susceptible de me blesser. Lui faire confiance, c'est prendre le risque de le laisser entrer chez moi, me remettre à lui d'une manière ou d'une autre. Je te fais confiance.

Peut-on justifier la confiance ? Se gagne-t-elle ? Se rend-elle ? Une personne trahie, trompée, peut-elle redonner sa confiance ? Le pardon est possible, mais qu'en est-il de la restauration de la confiance ? Redonner sa confiance ne relève peut-être pas de l'ordre du pur acte volontaire. Cela ne peut se forcer. Peut-être faut-il implorer humblement Dieu de guérir le cœur blessé, désormais méfiant. La souffrance d'avoir été trahi sera peut-être même trop grande pour pouvoir être apaisée sur cette terre, et la confiance humaine sera désormais difficile. Il n'y aura alors probablement qu'en Dieu que l'on pourra déposer sa confiance sans risque de trahison.

Parfois, la confiance en Dieu semble atteinte. Quand quelqu'un a prié pour une intention précise, par exemple la guérison d'un proche malade atteint d'une maladie, et que la personne décède, alors il semble que Dieu a ignoré cette prière. Peuvent alors germer une colère, une désillusion. Comment faire confiance à Dieu s'Il n'entend pas ce qu'on Lui demande et qui compte pour nous ? « Si Lui qui est Tout-Puissant, qui est notre Père, ne nous exauce pas, ne sommes-nous pas seuls et abandonnés ? Je sais qu'Il existe, mais je sais aussi que je ne peux pas Lui faire confiance. » Terribles sont ces mots de colère contre Dieu. Mais pourquoi ne pas être en colère contre Lui ? Cette colère a le mérite de dire une relation vivante avec Lui. Elle prouve qu'Il est pris au sérieux, qu'Il compte et est important.

Avec la prière, nous percevons que **Dieu nous exauce toujours, mais d'une manière autre que ce que nous avions prévu ou espéré.** Nous percevons que la confiance doit aller au-delà du résultat à court terme. Je mets ma confiance en Dieu parce qu'Il est Dieu, qu'Il sait et qu'Il aime. J'ai confiance dans le fait que par-delà les résultats apparents et immédiats, Il entend mes prières.

« Dieu est ainsi : il ne s'impose pas, il n'entre jamais par la force mais, comme un enfant, il demande à être accueilli. Dans un certain sens, Dieu se présente aussi en ayant besoin d'attention ; il attend que nous lui ouvrions notre cœur et que nous prenions soin de Lui.. »

Discours du pape Benoît XVI lors
de la fête de la Sainte Famille de Nazareth,
le 30 décembre 2005.

Le temps de l'Épiphanie

Manifestation ou Révélation ?

Les fêtes de Noël sont terminées, mais encore proches dans les mémoires ; c'était hier. La crèche nous rappelle que l'atmosphère de Noël ne nous a pas quittée. Malgré tout, quelque chose a changé. Pour beaucoup, les vacances sont achevées et le travail a repris. La magie propre à Noël va disparaître.

Nous sommes le 6 janvier ou, selon les pays, le premier dimanche suivant le 1er janvier. C'est la fête de l'Épiphanie. Issu du grec ancien, le terme d'épiphanie signifie **« apparition », « manifestation » ou « révélation »**. En Occident, on évoque essentiellement la venue des mages relatée par l'évangéliste Matthieu (chapitre 11, versets 1 à 13). Cet épisode biblique a une véritable portée, car il dit la reconnaissance par de puissants non-Juifs des droits messianiques de Jésus.

Les origines de la fête de l'Épiphanie demeurent obscures. On sait qu'elle n'a pas le caractère d'un anniversaire, car la liturgie ne présente pas l'adoration des mages comme ayant eu lieu à un nombre de jours précis après la Nativité. En Grèce antique, l'Épiphanie célébrait la renaissance de la lumière et la manifestation du soleil après le solstice d'hiver. En Orient, la première mention de la date de l'Épiphanie remonte au début du IIIe siècle. Clément d'Alexandrie signale que certains basilidiens, une secte gnostique, commémoraient la naissance du Christ le 20 mai (à l'instar des Aloges qui retenaient le 21), et d'autres son baptême le 6 ou le 10 janvier. Mais au même siècle, Origène, dans son catalogue des fêtes, ne parle pas de l'Épiphanie. On célébrait alors surtout le baptême du Seigneur lors de cérémonies de sanctification des eaux. Le baptême correspond au début de la mission publique du Seigneur Jésus.

L'Adoration des Mages, initiale d'un livre de chants, Franco dei Russi, 1470.
Les trois rois rendent hommage à l'enfant Jésus. Le roi le plus âgé a retiré sa couronne en reconnaissance de Jésus et lui baise les pieds en signe de révérence. L'Enfant Jésus, qui a accepté son cadeau, offre sa bénédiction au roi.

En Occident, le premier témoignage de la célébration de l'Épiphanie est celui, en 361, de l'historien Ammien Marcellin. On en trouve ensuite une attestation par le concile de Saragosse en 380. On célébrait alors l'adoration des mages, le baptême de Jésus et le miracle de Cana. La célébration gagna Rome et toute l'Italie.

D'une portée à la foi dogmatique et spirituelle, la fête de l'Épiphanie commémore trois événements, une triple manifestation de Dieu fait homme : l'adoration des mages, le baptême du Christ dans le Jourdain et le miracle des noces de Cana. Notons, à ce sujet, qu'il est peu probable que ces trois événements aient eu lieu un 6 janvier, 12 jours après la naissance de Jésus.

Ces trois moments sont trois aspects de ce seul et même *adventus* (« arrivée », « venue » en latin) sauveur et illuminateur qu'est la Divine Incarnation. Le Christ resplendit de gloire dans ces trois manifestations. Les mages en témoignent par leurs présents : « *Ils ouvrirent leurs coffrets, et lui offrirent en présent de l'or, de l'encens, de la myrrhe.* » (Matthieu 2, 11). On voit dans cette triple offrande la triple confession de sa royauté, de sa divinité et de son humanité vouée à la mort. Selon une homélie occidentale anonyme, la triple offrande exprime la soumission à Dieu de toute la création, qu'elle soit terrestre (or), céleste (encens) et infernale (myrrhe).

Une illumination intérieure et spirituelle

Les pères de l'Église et la liturgie voient dans l'étoile qu'ont vue les mages la matérialisation d'une illumination intérieure et spirituelle. Pour eux a brillé la lumière de la foi. Les anciens ont parlé avec enthousiasme de la foi des mages. Ils aimaient opposer les mages croyants, d'un côté, à Hérode et ses amis incroyants de l'autre. Par leur foi, les mages sont les prémices de l'Église, et préfigurent l'universalisme de la *catholica* (à savoir la catholicité, l'Église catholique). Une tradition très ancienne a vu en eux les représentants des trois familles humaines descendantes des fils de Noé : Sem, Cham et Japhet.

Le Christ de l'Épiphanie est celui qui fait se rejoindre les deux peuples, Juifs et Gentils. Les deux, tels des murs, convergent vers la Pierre angulaire qui est le Christ. C'est tout le mystère de l'unité réalisée dans la foi.

« Au sortir des fêtes de fin d'année, l'Épiphanie célèbre une triple manifestation de Dieu : l'adoration des mages, le baptême du Christ et le miracle de Cana. »

QU'EST-CE QUE LA FOI ?

« La foi est une adhésion personnelle de l'homme à Dieu, et l'assentiment libre à toute la vérité que Dieu a révélé. » (CEC, n° 150)

« La foi est un don de Dieu. Croire n'est possible que par la grâce et les secours intérieurs du Saint-Esprit. »

(CEC, n° 153)

La foi est personnelle. Nous pouvons connaître des hauts et des bas. Relation intime avec Dieu, elle évolue selon les périodes de la vie, se purifie, se transforme. Grandir dans la foi, c'est mieux comprendre le contenu de la foi, la vérité révélée, et c'est aussi grandir dans la confiance en Dieu. Elle possède deux facettes : je crois en quelque chose (une vérité) et en quelqu'un (une personne).

La foi catholique a pour contenu commun le *Credo*. C'est la profession de foi de tout catholique. Ne pas y adhérer, c'est ne pas être catholique. Le *Credo* le plus connu est le Symbole des apôtres. Pour le chrétien, croire en Dieu, c'est indissociablement croire en Celui qu'Il a envoyé : Jésus-Christ.

Adoration des Mages, église San Zeno de Vérone (Italie).

Fêtes de la Nativité et de l'Épiphanie

Certains auteurs évoquent les fêtes de la Nativité le 25 décembre, et de l'Épiphanie le 6 janvier, comme objet d'un échange liturgique entre l'Orient et l'Occident, l'un et l'autre ayant accepté la célébration de l'autre fête. Tout comme Noël, l'Épiphanie s'accompagnait d'une veillée nocturne solennelle.

Premier épisode épiphanique : l'adoration des mages

L'Évangile selon saint Matthieu (2, 1-12) est le seul texte biblique à mentionner la venue à Bethléem de « mages venus d'Orient ». Dans la lignée de Benoît XVI, Odile Haumonté précise que ces mages étaient soit des membres de la caste sacerdotale perse, soit des magiciens. Peut-être venaient-ils de Babylone, qui était alors un important centre d'astronomie.

Leurs noms de Gaspard, Melchior et Balthazar ne sont apparus que dans des récits et traditions ultérieurs, de même que leur nombre (trois) et l'attribution de présents à chacun. Nous devinons à leurs traits qu'ils représentent tous les peuples : Gaspard, l'Europe ; Melchior, l'Asie ; et Balthazar, l'Afrique. Leur diversité dit une universalité qui répond à notre souci d'égalité de tous les hommes devant Dieu. C'est l'une des raisons de leur popularité.

Chaque mage apporte à l'Enfant un présent à la portée hautement symbolique. Melchior lui tend **l'or**, honorant le roi, pour évoquer sa royauté ; Gaspard offre **l'encens**, réservé à Dieu pour souligner sa divinité ; et Balthazar dépose **la myrrhe**, utilisée en fumigation pour les morts et symbole de l'embaumement, annonciatrice de la Passion et de la mort de Jésus, et signe de son humanité. Ces cadeaux signifient que Jésus était à la fois **roi, Dieu et simple mortel**.

Ces objets déposés dans la crèche ne sont pas des cadeaux utiles pour une jeune famille, mais ils marquent la reconnaissance de la dignité royale de l'Enfant. L'or et l'encens sont déjà mentionnés dans le livre d'Isaïe (chapitre 60, verset 6) comme un don d'hommage à Dieu de la part du peuple.

Mais ces trois présents peuvent avoir une signification plus profonde encore. Ils sont le reflet terrestre de l'adoration angélique traduite dans le Trisagion, une série de trois invocations. « *Reçois ce don au triple aspect comme le Trisagion que te chantent les séraphins* » (Romanos le Mélode, Hymne de la Nativité). L'or, l'encens et la myrrhe proclament l'infinie transcendance de Dieu, sa sainteté fulgurante.

Selon Benoît XVI, devant l'Enfant Jésus, les mages accomplissent la proskynèse, c'est-à-dire le prosternement, un hommage rendu à un Roi-Dieu. Cette adoration des mages demeure une scène très populaire.

L'illumination des mages trouve à présent sa pleine réalisation dans la foi de l'Église. Leur adoration est de même nature que celle que l'Église rend au Seigneur. Et à son niveau, chaque chrétien est appelé à renouveler dans sa propre vie l'offrande des mages. Le théologien Origène (IIIe siècle) préconise d'offrir l'or des bonnes œuvres, l'encens de la confession de la divinité, la myrrhe de la foi en la Résurrection du Christ. À la suite de Grégoire Ier dit Grégoire le Grand (540-604), les médiévaux affectionnent eux aussi les thèmes de l'offrande de l'or de la charité, l'encens de la prière, la myrrhe de la mortification.

Enseignement

Per aliam viam

Le retour *per aliam viam* (par un autre chemin) est un thème spirituel qui nous interroge. Nous nous souvenons que les mages, après avoir adoré l'Enfant, ont regagné leur pays en empruntant une voie différente de celle par laquelle ils étaient venus.

Ce détail délivre un message spirituel : de même que les mages ont accepté de changer de route et su se laisser bouleverser, la rencontre de Jésus vient bouleverser nos chemins habituels.

Pour agréable qu'elle soit, la seule contemplation de l'adoration des mages resterait insuffisamment universelle. L'Orient s'est concentré sur la spiritualité du baptême du Seigneur.

« Les cadeaux apportés par les mages à l'Enfant Jésus proclament sa royauté, sa divinité et son humanité. »

Deuxième épisode épiphanique : le baptême du Christ

Une fois les mages passés, l'obscurité recouvre l'Enfant-Dieu. Puis vient le baptême, entrée solennelle dans la vie publique. Les Orientaux voient dans cet événement de la vie du Christ une manifestation trinitaire : le Père se manifeste par ses paroles (ce qu'Il ne fait, dans l'Évangile, qu'à trois reprises seulement) ; le Fils est naturellement présent en la personne du Christ ; quant au Saint-Esprit, il se révèle sous la forme d'une colombe.

L'Orient considère que la rédemption tout entière est contenue dans l'Épiphanie du Jourdain. Il faut en effet y voir une descente dans les eaux de la souffrance, une illumination des ténèbres et donc, une victoire sur les puissances démoniaques et une exaltation du Christ. C'est le cœur même du mystère du Christ : la kénose (dépouillement par Dieu de certains attributs de sa divinité pour rejoindre l'humanité) et l'exaltation pour entraîner l'humanité jusqu'au Père. Il faut comprendre que c'est l'humanité tout entière qui descend avec le Christ dans l'eau ; l'humanité entière qui remonte avec Lui pour renaître à la vie divine. Jésus vient dans les eaux non pas pour être purifié, mais bien pour les rendre purificatrices. L'Église syrienne aime à dire que le Seigneur, Feu immatériel, fait de l'eau « une eau de feu ».

Après le baptême de Jésus, les cieux s'ouvrent. On célèbre le retour du nouvel Adam au paradis. Le Seigneur ouvre la voie par laquelle l'humanité peut entrer dans la patrie céleste. Pour les liturgies romaine et syrienne, le baptême est un mystère nuptial : purifiée dans les eaux, l'Église s'unit au Christ époux.

Enseignement

Jésus avait-il besoin d'être baptisé ?

N'étant pas pécheur, Jésus n'avait pas besoin d'être baptisé de la manière dont nous en avons besoin. Il a fait le choix d'être baptisé pour plusieurs raisons : pour nous montrer l'exemple ; pour sanctifier toutes les eaux de la terre ; pour débuter sa mission en se laissant compter parmi les pécheurs (CEC, n° 536).

Et nous, pourquoi avons-nous besoin d'être baptisés ?

Le Seigneur affirme cette nécessité dans l'Évangile de saint Jean (chapitre 3, verset 5). Dieu a lié le Salut au sacrement du baptême, mais Il n'est pas lui-même lié à ces sacrements (CEC, n° 1257). Le baptême a deux effets principaux : la purification des péchés (péché originel et péchés personnels), et la nouvelle naissance dans l'Esprit Saint. Par cette nouvelle naissance, le baptême fait de nous des participants de la nature divine, des enfants de Dieu par adoption.

Et celui ou celle qui n'est pas baptisé(e) ?

Tout homme qui, ignorant l'Évangile du Christ et son Église, cherche la vérité et agit selon la volonté de Dieu peut être sauvé. On peut supposer que de telles personnes auraient désiré explicitement le baptême si elles en avaient su la nécessité (CEC, n° 1260).

Le Baptême du Christ par Piero della Francesca (XVe siècle). Le baptême du Christ sanctifie les eaux de la terre, purifie l'Église et l'unit au Christ époux.

Troisième épisode épiphanique : les noces de Cana

À la suite de l'Orient, la liturgie latine a voulu exprimer l'idée des noces mystiques du Christ avec l'Église. Par ces noces, l'Église devient féconde et engendre des enfants de Dieu. Comme dans les deux autres épisodes épiphaniques, la divinité du Christ est révélée, et donc une certaine royauté. Aussi certains auteurs trouvent-ils regrettable qu'ait été instaurée (tardivement, en 1925) une fête du Christ-Roi, la notion de royauté étant déjà célébrée dans l'Épiphanie.

> *« Tel fut le premier des signes de Jésus, il l'accomplit à Cana de Galilée et il manifesta sa gloire, et ses disciples crurent en lui. »*
> Évangile selon saint Jean 2, 11.

Tel fut, à Cana en Galilée, le premier des miracles de Jésus : le changement de l'eau en vin. Ce miracle est à l'image de notre propre transformation spirituelle, d'homme ancien en homme nouveau. À l'image aussi de la transformation de la doctrine ancienne de l'Ancien Testament en doctrine nouvelle de l'Évangile ; ou encore, à chaque messe, du vin transformé en Précieux Sang.

À la suite de saint Augustin, le théologien du XIIe siècle Richard de Saint-Victor aimait interpréter les noces de Cana en disant que le Christ est l'Époux, l'Église est l'Épouse, les six jarres les six âges du monde, la lettre et le vin l'intelligence spirituelle. Dans le même ordre d'idée, l'eau symbolise l'esprit de crainte de l'ancienne alliance, et le vin, la grâce de la dévotion et la ferveur de la charité. L'épisode des noces de Cana préfigure aussi la Cène et la Passion.

Les Noces de Cana par Véronèse, 1563 (musée du Louvre, Paris).

Enseignement

La sainteté du mariage

Jésus est présent aux noces de Cana ; c'est là son premier signe, selon l'Évangile. L'Église accorde une grande importance à la présence du Seigneur à ce mariage. Elle y voit la confirmation de la bonté du mariage, et l'annonce que, désormais, le mariage sera un signe efficace de la présence du Christ (CEC, n° 1613)

L'auteur du mariage est Dieu Lui-même. Car Dieu, qui a créé l'Homme par amour, l'a aussi appelé à l'amour. Dieu l'ayant créé homme et femme, leur amour mutuel devient une image de l'amour absolu et indéfectible dont Dieu aime l'homme. Signalons enfin le rôle discret mais prépondérant de la Vierge Marie à Cana. Les époux peuvent trouver en elle un heureux appui pour avancer vers le Seigneur.

L'incorporation au Christ par les deux sacrements que sont le baptême et l'eucharistie sont en lien étroit avec les deux derniers mystères de l'Épiphanie : le baptême du Christ et les noces de Cana.

« Le mariage est un jeu infiniment riche. Mais sa règle n'est ni longue à énoncer ni compliquée à comprendre : un seul conjoint pour toute la vie, [...] très tangible limite que symbolise l'alliance ».

« Aux époux de choisir s'ils veulent brûler d'amour. Il dépend d'eux que le mariage soit [...] vocation, c'est-à-dire lieu de la rencontre avec le Dieu trois fois saint. »
Jean-Claude et Yolande Bésida, L'Amour sauvé.

La galette des rois et la tradition de « tirer les rois »

La galette des rois trouve de lointaines origines païennes. Elle viendrait des Saturnales de la Rome antique. Au moment du solstice d'hiver (du 17 au 23 décembre), ces fêtes célébraient le dieu agricole Saturne. Maîtres et esclaves partageaient à cette occasion un repas. Dans un gâteau rond et doré symbolisant le soleil, on glissait une fève de haricot blanc ou d'autre légumineuse, symbole de fécondité. Un enfant était déjà placé sous la table pour attribuer innocemment les parts. Celui qui découvrait le haricot devenait « prince des Saturnales » et, le temps d'une journée, pouvait obtenir ce qu'il souhaitait.

La galette des rois est la principale tradition que notre société contemporaine a conservé de l'Épiphanie. Dans ce gâteau rond et doré consistant en une pâte feuilletée fourrée à la frangipane, le pâtissier prend soin de glisser une figurine ou un santon de petite taille en porcelaine, qui conserve l'appellation de fève. Nous mangeons la galette en espérant découvrir dans notre part la fève cachée.

LA LÉGENDE DE LA BEFANA EN ITALIE

L'Italie a son propre folklore. Figure populaire, la Befana prend les traits d'une sorte de gentille sorcière volant à califourchon sur un balai. Son nom est le fruit d'une déformation du mot *epiphania*, avec déplacement de l'accent tonique. Dans la nuit précédant l'Épiphanie (soit celle du 5 au 6 janvier), elle passe dans les maisons pour y déposer des cadeaux dans les chaussettes des enfants sages.

Mais comment est née la Befana ? Une légende rapporte qu'au temps du roi Hérode, vivait en Judée une vieille femme, pauvre et laide, appelée Befana. Tous les enfants se moquaient d'elle et la tourmentaient. Elle en nourrit tant de rancœur et de haine qu'elle finit par se réjouir du massacre des innocents. Or les mages, de retour de Bethléem, la rencontrèrent et lui racontèrent ce qu'ils avaient vu. La vieille femme en fut bouleversée, et demanda comment elle pourrait expier sa haine des enfants. Elle obtint cette réponse : « *Le jour de l'Épiphanie, vous aurez la mission de faire plaisir aux enfants sages. Vous aurez le privilège de voir à travers les murs et les toits pour savoir quels sont les enfants bien sages qui méritent les cadeaux et les enfants non sages qui méritent peu de choses.* »

Ainsi, dans l'esprit des Italiens, la Befana remplace-t-elle le Père Noël dans le rôle de la distribution des cadeaux, qui reviennent non pas à l'Enfant Jésus, mais aux enfants sages.

Purification ou présentation ?

Le 2 février, il est temps de ranger les santons. Certains sont nostalgiques de la période de Noël. Le cycle liturgique se poursuit, déployant pour nous la vie du Christ. Mais il opère ici un retour dans le passé. À l'Épiphanie, nous avions contemplé le baptême du Christ et, événement plus tardif, les noces de Cana. La liturgie nous fait aujourd'hui remonter le fil de l'existence de Jésus, en nous plaçant face au petit enfant qui suit la Loi.

Que se passe-t-il le 2 février ? On parle de la fête de la Présentation. Mais elle est à ne pas confondre avec la Présentation de Marie au Temple, traditionnellement fêtée le 21 novembre, et qui trouve son origine dans le récit apocryphe de saint Jacques : on y raconte que la Vierge aurait été déposée par ses parents au Temple à l'âge de trois ans. Elle y aurait vécu en écoutant le Seigneur, en méditant sa Parole et en priant, ainsi préparée par Dieu à devenir sa demeure.

Le 2 février commémore la Présentation de Jésus au Temple et la Purification de la Vierge Marie, relatée dans le seul Évangile de saint Luc (chapitre 2, versets 22 à 40) : « *Les parents de Jésus le portèrent à Jérusalem pour le présenter au Seigneur* » (Luc, 2, 22). Les Églises d'Orient l'inscrivirent sous le nom grec d'« hypapante », qui signifie « rencontrer » ou « aller au-devant ». C'est en effet la première rencontre de Jésus avec Jérusalem et son Temple, préfiguration de la rencontre du Christ avec son Église.

> « La Présentation de Jésus au Temple préfigure la rencontre du Christ avec son Église, sa vocation missionnaire et sa gloire future. »

Mais on peut aussi voir dans cette célébration un hommage à la rencontre de la Vierge Marie avec le juste et religieux Syméon, alors qu'elle accomplit les prescriptions du Lévitique.

La liturgie s'est toujours attachée à cette figure de beau vieillard qu'est Syméon. Il prophétise auprès de Marie : « *Il sera un signe de division. Et toi-même, ton cœur sera transpercé par une épée* » (Luc , 33-24). « *Le vieillard portait l'enfant, mais l'enfant guidait le vieillard* », chante-t-on aux vêpres. Un hymne arménien chante aussi : « *Nous aussi, crions avec Syméon : toi qui as jailli du Père de la Lumière, toi qui es lumière et vie pour nous, gloire à ton avènement, Seigneur* » ; un autre présente Jésus comme la « *Lumière pour éclairer les nations* ». Les cierges que l'on porte rappellent que Jésus est la vraie lumière du monde. La fête proclame la gloire future du Seigneur, et ouvre une perspective missionnaire.

L'offrande légale

À ce moment de l'histoire du Christ, l'offrande légale (commandée par le Lévitique) prend une signification et une portée considérables. En entrant dans le monde, le Christ s'est offert au Père dans une offrande qui aboutira à la Croix. En quoi consiste concrètement cette offrande ?

Deux obligations légales devaient être remplies : la Purification de la mère, et le rachat de l'enfant. Pour racheter le premier-né, il fallait le présenter au Temple et payer 5 sicles d'argent ; pour purifier la mère, il fallait remettre soit un

La Présentation au Temple et la Purification de la Vierge, par Antoine de Lonhy, vers 1490 (Collection The Bob Jones University Museum & Gallery, États-Unis).

agneau d'un an et une jeune tourterelle, soit deux jeunes tourterelles. L'iconographie représente souvent cette double offrande de l'argent et des animaux.

> « *Marie entre dans le Temple et la voici en présence du Père, vers lequel elle tend son enfant [...], et dans ce petit être elle sait que toute l'humanité est contenue. [...] Son geste a une portée infinie, [...] elle nous offrait au Père. Toute notre vie en vérité doit consister à nous préparer pour être offert ainsi. Toutes nos actions et nos pensées doivent être telles que la Sainte Vierge puisse les présenter à Dieu.* »
> Extrait d'Amour et Silence, par un chartreux anonyme.

Selon le livre du Lévitique, la femme, après l'enfantement, est impure, c'est-à-dire exclue des cérémonies liturgiques, pendant sept jours. Au huitième jour, l'enfant mâle est circoncis, puis la femme restera encore trente-trois jours à la maison pour se purifier de son sang (Lévitique 12, 1-4). Elle doit ensuite offrir un sacrifice de purification.

Or, après l'enfantement de Jésus, Marie n'a pas besoin d'être purifiée, du fait de cette naissance virginale qui apporte précisément la purification du monde. De même, Jésus n'a nul besoin d'être racheté. La Loi demande la purification de la mère et le rachat du bébé, mais le récit de saint Luc a la particularité d'évoquer un troisième élément : la « Présentation » de Jésus. La parole de l'Évangile, *paristanai*, traduite par « présenter », signifie aussi « offrir », en référence aux sacrifices du Temple.

L'évangéliste fait ici le choix d'introduire dès cet épisode de la vie du Christ une dimension sacrificielle. L'important n'est donc pas tant la purification de Marie, ni le rachat de Jésus, mais sa Présentation, son offrande pour purifier et racheter le monde. Ce qui se joue dès cet instant est bien l'offrande publique de Jésus à son Père, un acte cultuel au sens le plus profond du terme.

LA FIGURE PRIANTE D'ANNE DANS L'ÉPISODE DE LA PRÉSENTATION

Prophétesse veuve de 84 ans, Anne « *ne quittait pas le Temple, servant Dieu nuit et jour dans le jeûne et la prière* » (Luc 2, 37). Elle est l'image même de la priante, orante, infiniment pieuse.

« *Survenant à cette heure même, elle louait Dieu et parlait de l'Enfant à tous ceux qui attendaient la délivrance de Jérusalem.* » (Luc 2, 38).

Aux origines de la Chandeleur

L'événement est célébré quarante jours après la Nativité, soit le 2 février. La pèlerine Éthérie est la première à l'évoquer en 381-384 dans son *Journal de voyage*, qui relate son voyage jusqu'en Terre sainte. Elle présente l'événement comme se déroulant 40 jours après l'Épiphanie, soit le 14 février. L'événement commémore le jour où Syméon et la prophétesse Anne ont pressenti que Jésus pouvait être une « lumière pour éclairer les nations païennes » – une parole qui préfigure la symbolique des chandelles qui donnera le nom de Chandeleur.

Mais c'est seulement en 472 que la fête de la Présentation de Jésus au Temple fut *de facto* assortie de chandelles. Cette année-là, le pape Gélase Ier organisa des processions aux flambeaux pour lutter contre le paganisme, en intégrant, dans la liturgie de l'Église des rites païens : ceux des Celtes qui vénéraient la lumière et la roue solaire, et ceux des Romains qui organisaient des processions aux flambeaux et autres veillées aux torches.

« La fête de la Présentation de Jésus au Temple est liée à la symbolique des chandelles qui donnent le nom de Chandeleur. »

Ainsi, au Ve siècle déjà, les fidèles tenaient des cierges allumés. À Rome, ces cierges évoquaient la dignité de l'étiquette impériale. Cyrille d'Alexandrie dit alors aux fidèles : « *Fêtons brillamment avec des lampes brillantes le mystère de ce jour.* »

Adoptée en pays franc, la coutume des cierges devint très populaire, donnant le nom de « Chandeleur », fête des chandelles. Elle s'accompagnait de chants du cantique de Syméon.

Au VIIe siècle, l'Église romaine introduisit la fête de la Purification de la Vierge dans la liturgie de ce jour, alors que jusque-là, Marie était célébrée le 1er janvier lors de la fête de la Mère de Dieu. Le pape Serge Ier instaura ce jour-là une procession, qui sans doute venait contrer la fête païenne des Lupercales, célébrée en l'honneur du dieu de la Fécondité Lupercus aux alentours du 15 février. Entre les Lupercales et la Présentation toutefois, nulle similitude de rite.

Dans les Lupercales, on sacrifiait un bouc et un chien dans une grotte, avant une course des initiés nus, une lanière à la main, cherchant à frapper dans le dos les femmes qui prenaient la fuite à leur vue. Il s'agissait moins d'une cérémonie païenne que d'un simple divertissement, mais certains païens y voyaient là un rite de protection contre la peste et l'infertilité des champs. Les liturgistes carolingiens intitulèrent officiellement la fête « Purification de Marie », en infléchissant le sens et lui donnant une signification vétérotestamentaire. La fête est désormais appelée « Présentation de Jésus au Temple ».

Comprenons que le même passage de l'Évangile traite de la purification de la Vierge et de la présentation de Jésus au Temple, ce qui explique que la même fête puisse être contemplée sous deux angles différents.

« Et moi, je vous dis :
Demandez, et l'on vous
donnera ; cherchez,
et vous trouverez ; frappez,
et l'on vous ouvrira.
Car quiconque demande
reçoit, celui qui cherche
trouve, et l'on ouvre
à celui qui frappe. »

Luc 11, 9 & 10.

Villageois sur le chemin de l'église à la Chandeleur, par l'enlumineur flamand Simon Bening (XVIe siècle).

LES CRÊPES

Lorsque, en 472, le pape Gélase Ier organisa les premières processions aux flambeaux, il fit distribuer des crêpes ou galettes aux pèlerins qui affluaient à Rome. La galette était en effet un aliment facile à préparer, fabriqué avec les excédents de farine de la récolte de l'année précédente. Elles étaient l'image de l'abondance et de la prospérité. Rondes et dorées, les crêpes symbolisaient en outre le renouveau et le retour de la lumière du soleil.

Cette célébration s'est rapidement entourée de superstitions païennes : si les paysans oubliaient de préparer les crêpes, le blé serait mauvais l'année suivante. Pour s'assurer de bonnes récoltes, il fallait au contraire faire sauter la première crêpe de la main droite en tenant un Louis d'or dans la main gauche, et bien faire retomber la crêpe dans la poêle. La première crêpe était déposée en haut d'une armoire jusqu'aux récoltes suivantes.

La journée de la vie consacrée

Instituée par le pape Jean-Paul II en 1997, cette journée est destinée à prier pour toutes les personnes qui vouent leur vie au Seigneur : religieux et religieuses et consacrés en général. La date du 2 février, jour de la fête de la Présentation du Seigneur au Temple, a été retenue car cet événement marque le moment où Jésus a été consacré à Dieu. Si tout chrétien est « consacré » au Christ par son baptême, cette expression souligne un engagement plus radical et public, et une vie menée selon les préceptes évangéliques.

> *« Il y a, au début, l'appel de Dieu. L'erreur est de penser qu'y répondre suffit. Après réflexion, il me semble que ce que nous entendons d'abord n'est pas un appel entier et pur. Voyez-le plutôt comme l'écho d'un appel vers lequel vous devez vous diriger tout au long de votre vie religieuse. Cheminez d'écho en écho, fructifiez votre foi d'épouse du Christ et écoutez, pas à pas, cet appel. Entendez à quel point il gonfle, s'enrichit, se complète à mesure que vous avancez vers Lui. C'est, enfin, au soir de notre vie que nous l'entendrons absolument. »*
> Claire Conruyt, *Mourir au monde*

Par « vie consacrée », on entend la mise en pratique des conseils évangéliques de pauvreté, de chasteté et d'obéissance. Selon saint Jean-Paul II, le premier et le plus grand d'entre eux demeure le lien sacré de la chasteté pour le Royaume des Cieux : on parle de *Sequela Christi*, une expression latine qui signifie « marcher à la suite du Christ ». La vie consacrée consiste donc en la profession des trois conseils évangéliques dans un état de vie stable reconnu par l'Église (CEC n° 915).

> *« J'étais libre. J'avais retrouvé ma liberté. J'appartenais à Dieu, non à moi, et Lui appartenir, c'est être libre, libéré de toutes les anxiétés, les soucis, les chagrins qui sont le propre de cette terre et de l'amour des biens terrestres. Quelle différence y a-t-il entre un endroit et un autre, un vêtement et un autre, si votre vie est à Dieu, si vous vous abandonnez entièrement entre Ses mains ? La seule chose importante, c'est le sacrifice, le don essentiel de nous-mêmes, de notre volonté ; le reste n'est qu'accessoire. »*
> Thomas Merton, *La Nuit privée d'étoiles*.

Parmi les personnes consacrées, citons les ermites qui demeurent dans la solitude et le silence pour Dieu ; les vierges et les veuves consacrées qui évoluent dans le monde, mais restent réservées au Christ ; les religieux qui vivent en communauté fraternelle dans une dimension cultuelle ; ou encore les instituts séculiers, qui contribuent de l'intérieur à la sanctification du monde.

> *« Sans une passion amoureuse pour Jésus, la vie consacrée n'a pas d'avenir possible. »*
> Pape François, *La Force de la vocation : La vie consacrée aujourd'hui*.

Sainte Anne, la Vierge et l'Enfant Jésus jouant avec un agneau, par Léonard de Vinci, 1503-1519 (musée du Louvre, Paris).

Comment lire et vivre l'Épiphanie ?

Voir

Recevons ce monde à voir que Dieu nous donne. Voyons ce qui est beau et grand. Décelons dans nos vies les « miracles » des manifestations divines, les bonnes surprises de chaque jour et les grandes joies de notre existence.

Saisir l'universalité du message

Observons les Rois mages, trois hommes issus de contrées différentes. Ils représentent les hommes touchés par l'annonce de la naissance de Jésus, préfigurent l'universalité du message du Christ et du Salut qu'Il apporte. La diversité de ces personnages en adoration devant l'Enfant montre que le Messie n'est pas venu seulement pour le peuple juif, mais bien pour toute l'humanité. En cela, l'Épiphanie nous rappelle que Jésus trasncende les frontières et que l'espérance du Salut s'adresse à tous.

Envisager Dieu dans sa royauté et dans son humilité

Penchons-nous sur les cadeaux des mages. Ils nous rappellent la royauté de Dieu, le lien entre Lui et nous entretenu par la prière, et sa proximité, car Il s'est fait homme mortel.

Dieu peut parfois nous sembler terriblement absent. Nous le cherchons sans cesse. Mais il est aussi cet ami intime à qui, dans nos prières, nous confions nos joies et nos peines : Il semble alors infiniment proche.

Comme les mages, apprenons à adorer le Seigneur dans sa splendeur et dans toutes les merveilles qu'il nous apporte au quotidien.

Adorer

Adorer est un acte simple, premier et unificateur. C'est peut-être retrouver notre fonction première, l'ordre naturel des choses. Ne pas adorer ne serait-il pas contre nature ?

Se mettre en route pour l'espérance

De même que les mages ont traversé la Judée, guidés par l'étoile et portés par la confiance en Dieu, le chrétien se met en route à la recherche d'un espoir (réussite dans un projet, guérison, arrivée d'un enfant, déménagement, mutation, voyage...), ou d'une espérance (confiance, espérance, acceptation, Résurrection...). L'Épiphanie nous montre le chemin de l'espérance qui anime nos vies.

Le Carême

La Septuagésime, la Sexagésime et la Quinquagésime

Du VIe siècle jusqu'au missel tridentin, les trois dimanches précédant le Carême ont porté le nom de dimanches de la Septuagésime, la Sexagésime et la Quinquagésime. Longtemps observés et considérés comme des temps liturgiques à part entière, ils ont été supprimés pour être ensuite intégrés dans le temps ordinaire.

Certains ont constaté que le jeûne quadragésimal, **étymologiquement** de quarante **jours** (*quadragesima [dies]* en latin) n'en comportait en réalité que trente-quatre, puisqu'on ne jeûnait pas le dimanche. Il fut donc décidé d'allonger le Carême, ce qui amena au dimanche de la Quinquagésime, cinquante jours avant Pâques, et offrait d'ailleurs un pendant à la cinquantaine pascale ou Pentecôte.

Entre 560 et 575, Rome adopta une nouvelle formule, déjà suivie dans d'autres Églises d'Italie (attestée par l'épistolier de Capoue en 546), qui intégrait au Carême le **huitième dimanche avant Pâques :** la Sexagésime était apparue. Enfin, entre 580 et 590, fut intégré au Carême le **neuvième dimanche avant Pâques :** la Septuagésime était adoptée. Avec la diffusion des livres liturgiques romains, la Septuagésime s'imposa à tout l'Occident au VIIIe siècle.

Un problème se pose toutefois : ces dimanches sont séparés par sept jours, et non dix. Comment alors justifier les noms de Quinquagésime, Sexagésime et Septuagésime ? On explique que la Quinquagésime couvre **cinquante jours jusqu'au dimanche de Pâques, la Sexagésime soixante jours jusqu'au mercredi de Pâques, et la Septuagésime, soixante-dix jours jusqu'à la fin de la semaine pascale.**

Rome s'est inspirée de la liturgie byzantine qui connaissait, elle aussi, trois semaines de préparation avant le Carême. Par ailleurs, la symbolique des chiffres plaisait. Enfin, saint Grégoire le Grand valorisa ces dimanches en organisant des processions afin de protéger le peuple de Rome menacé par les Lombards. Les textes de ces messes sont donc imprégnés du sentiment de crainte et de supplication.

Le mercredi des Cendres, porte d'entrée dans le Carême

Aujourd'hui, jour d'ouverture du Carême, est celui d'un acte liturgique marquant. Dans la solennité de l'église, le prêtre, revêtu de la chape violette, bénit les cendres issues des rameaux de l'année précédente. Puis il les impose sur le front des fidèles en prononçant la formule : « *Souviens-toi, homme, que tu es poussière et que tu redeviendras poussière.* » (Livre de la Genèse 3, 19).

Chez les juifs, la cendre était le symbole de la pénitence, de la tristesse et du deuil, un signe tangible, marqueur populaire des douleurs publiques et privées. L'Ancien Testament est empli de témoignages sur l'importance de la cendre. Job, en particulier, déclare que l'homme est cendre et poussière, et retournera en cendre et poussière (chapitre 34, verset 15), comme son ancêtre Adam l'avait entendu de Dieu après la faute originelle. Des paroles reprises plus tard par l'Église pour ce mercredi des Cendres. S'asperger de cendre ou s'en mettre sur la tête était donc un témoignage d'humilité et de souvenir de la fragilité humaine.

Autrefois, au premier jour du Carême, l'Église imposait aux pénitents la cendre comme rite de pénitence publique. Les pénitents avaient reçu une pénitence selon leur faute et attendaient le pontife devant l'église. Celui-ci bénissait les cendres, rappel de la mort et de la poussière du tombeau, et les leur imposait en disant : « *Souviens-toi, homme, que tu es cendre et que tu retourneras en cendre. Fais pénitence pour avoir la vie éternelle.* » Cette cérémonie tomba en désuétude aux Xᵉ et XIᵉ siècles, mais ce dernier rite a subsisté pour devenir commun à toute la chrétienté. Il est attesté par l'Anglo-Saxon Aelfric au Xᵉ siècle, et par le concile de Bénévent de 1087 ou 1091.

Cérémonie du Mercredi des Cendres à Hô Chi Minh-Ville (Vietnam).

Tentation et conversion

Le Carême propose de partir au désert comme Jésus et avec Lui. Les Évangiles de Matthieu, de Luc et de Marc racontent la mise à l'épreuve de Jésus par **trois tentations : celles du pouvoir matériel, politique et spirituel**. Le diable tente tout d'abord Jésus en lui proposant de transformer des pierres en pain pour assouvir sa faim (tentation du pouvoir matériel) ; de se jeter du sommet du Temple de Jérusalem pour voir si Dieu le protégera (tentation du pouvoir spirituel) ; et enfin, de se prosterner devant le diable pour obtenir le pouvoir sur tous les royaumes du monde (tentation du pouvoir politique). Jésus refuse chacune de ces propositions en citant un passage du Deutéronome, entraînant finalement le départ du diable (Matthieu 4, versets 1 à 11). Aller au désert, à notre tour, c'est être aux côtés de Jésus pour être nous aussi tenté par le diable et le combattre.

En acceptant d'être tenté, Jésus, nous rappelle Benoît XVI, devient solidaire des pécheurs : « *Ici se manifeste clairement le cœur de toute tentation : la mise à l'écart de Dieu qui, face à tout ce qui, dans notre vie, apparaît plus urgent, semble secondaire, voire superflu et ennuyeux.* ». Face aux choses de Dieu qui apparaissent comme irréelles, la tentation prétend nous montrer une autre voie, visible, palpable et immédiate : le pain et le pouvoir ; elle a la prétention du vrai réalisme du monde par opposition aux illusions du monde spirituel. Le tentateur n'a pas la grossièreté de nous inciter à adorer directement le diable. Il nous incite à choisir un monde où la raison seule est un critère de vérité, à donner la priorité à ce qui est planifié, organisé, loin de toute intervention et de toute révélation divine. Il nous incite à considérer le christianisme comme une recette de progrès et de bien-être, à nous fourvoyer sur ce que Jésus a vraiment apporté : Dieu.

Les trois tentations décrites dans cet Évangile sont tout à fait représentatives du mode opératoire du diable. Un parallèle est naturellement à faire avec l'acceptation par Adam et Ève de la tentation, épisode relaté dans le livre de la Genèse (chapitre 3). Le serpent leur fait croire que s'ils goûtent ce fruit, ils auront la connaissance de toute chose, seront puissants et pourront se passer de Dieu. Par orgueil, ils cèdent à la tentation et sont expulsés du jardin d'Éden.

> « Quand vous avez été mis à l'épreuve, ce ne fut jamais au-delà des forces humaines. Et Dieu est fidèle : il ne permettra pas que vous soyez éprouvés au-delà de ce qui est possible pour vous. Mais avec l'épreuve, il vous donnera le moyen d'en sortir et la possibilité de la supporter. »
>
> Première épître de saint Paul aux Corinthiens, chapitre 10, verset 13.

Enseignement

Les tentations du diable

Que sont de nos jours le serpent du jardin d'Éden ou le diable du désert ? Où s'insinuent-t-ils ? Le « diable » moderne n'a ni langue fourchue ni cornes. Il utilise plutôt les défauts ou les faiblesses, les penchants à réfréner : mesquinerie, malveillance, médisance, cruauté, avarice, ou même, simple indifférence envers ceux qui souffrent. Pour certains, la tentation peut aussi être celle de la maltraitance envers toute vie, de la consommation excessive d'alcool ou de drogue.

Également lu pendant le Carême, le psaume 90 est un texte poétique et exorciste de combat. À qui s'appuie sur la force de Dieu, il promet l'invulnérabilité : « *Quand je me tiens sous l'abri du Très-Haut et repose à l'ombre du Puissant je dis au Seigneur : "mon refuge, mon rempart, mon Dieu dont je suis sûr !"* »

La Tentation du Christ, vitrail de la cathédrale de Strasbourg.

Le diable est un ange

Satan, ou le diable, est un ange déchu. Comme les autres démons, il a été créé bon par Dieu, mais s'est lui-même rendu mauvais. Certes, le démon exerce une influence néfaste, mais sa puissance n'est pas infinie ; elle ne relève que d'un esprit créé.

La permission divine de l'activité diabolique reste un grand mystère, mais nous savons que Dieu fait tout pour le bien de ceux qui l'aiment. Les attaques du diable sont pour saint Thomas d'Aquin l'occasion de stimuler la vertu de l'homme tenté. Par exemple, une tentation diabolique de colère va susciter en réaction la douceur, comme le virus entraîne la réaction des anticorps de l'organisme.

Mais si le diable est un ange déchu, qui donc sont les anges ? Ils sont des créatures purement spirituelles et immortelles, dotés d'intelligence et de volonté. Ils dépassent en perfection toutes les créatures visibles, comme en témoigne l'éclat de leur gloire. L'Écriture parle aussi d'un péché des anges qui consiste en un refus irrévocable de Dieu et de son règne. Ce choix étant irrévocable, leur péché ne peut être pardonné. Les démons n'ont alors de cesse de tenter les hommes pour les détourner de Dieu par le péché.

> *Aux côtés de chaque fidèle, un ange, protecteur et pasteur, le conduit à la vie. On l'appelle « l'ange gardien ».*
> *CEC n° 336.*

FOI

LA CONVERSION : UN RETOUR À DIEU

Le mouvement de conversion et de pénitence a été merveilleusement décrit par Jésus dans la parabole de l'Enfant prodigue et de son père miséricordieux. La conversion suit tout un cheminement par étapes : la fascination pour une liberté illusoire, l'abandon de la maison paternelle, la misère, l'humiliation, la réflexion sur les biens perdus, le repentir et la décision de se déclarer coupable devant son père, le retour, l'accueil généreux du père, la joie du père. Ce sont là des traits propres au processus de conversion (CEC n° 1439).

La conversion est un retour à Dieu. Il ne s'agit pas d'une accumulation de pratiques de façade qui seraient inutiles à la vie spirituelle. Mais il ne faut pas pour autant négliger les pratiques extérieures qui vont aider l'âme. L'homme est inséparablement corps et âme, et Dieu s'est fait chair pour sauver tout homme.

La Troisième Tentation du Christ par William Blake (vers 1803).

Calcul du nombre de jours du Carême

Saint Grégoire le Grand nous est témoin que vers l'an 600 déjà, le Carême qui consistait en 36 jours de jeûne (6 semaines de 6 jours), était de mise dans tout l'Occident. Le Carême doit être considéré comme une dîme prélevée sur les jours de l'année pour être apportée à Dieu en expiation de nos péchés. Trente-six jours apportent la dîme de 360 jours. Or, comme le jeûne du Samedi saint se prolonge jusqu'à l'aube du dimanche, une prolongation équivaut à une demi-journée qui représente la dîme de 5 jours. Donc les trente-six jours et demi de jeûne vont bien constituer la dîme des 365 jours de l'année.

Or, cette combinaison ne pouvait contenter tout le monde. Il fallait 40 jours tout rond. D'où les jours appelés *caput jejunii*, qui commencent au mercredi des Cendres.

Enseignement

La durée de ce Carême est de quarante jours

Elle évoque divers épisodes bibliques : la marche de quarante jours et quarante nuits d'Élie jusqu'à l'Horeb, la montagne de Dieu ; les quarante années passées par le peuple hébreu dans le désert après la libération d'Égypte, sous la conduite de Moïse, resté lui-même quarante jours et quarante nuits en présence de Dieu sur le mont Sinaï avant de recevoir les Tables de la Loi ; les quarante jours de Jésus au désert, une période de jeûne, de méditation et de tentation avant son ministère public ; les quarante jours entre Pâques et l'Ascension...

Benoît XVI rappelle que les Pères ont considéré ce chiffre de 40 comme un chiffre cosmique, le chiffre qui résumerait le monde dans son ensemble : les 4 points cardinaux délimitent le tout, et le 10 est le nombre des commandements de Dieu. Le chiffre cosmique multiplié par le nombre des commandements devient l'expression symbolique de toute l'histoire de ce monde.

La messe en temps de Carême

En Orient, le temps de pénitence était marqué par l'absence de célébration de la messe du lundi au vendredi. On se contentait de la « messe des prémices », une cérémonie qui se faisait avec des hosties consacrées le dimanche précédent, dont font mention les conciles de Laodicée (vers 363-364) et in Trullo (691-692). Ces conciles interdirent les célébrations des fêtes de saints pendant toute la durée du Carême.

En revanche, on réserva à l'Annonciation un régime à part : le concile in Trullo de 691 n'osa pas la déplacer, et l'on continua de la célébrer le 25 mars. Mais en 656, le dixième concile de Tolède refusa de célébrer la fête de l'Annonciation le 25 mars, en raison précisément du Carême, et la déplaça au 18 décembre. Au VIIIe siècle, la règle fut assouplie. Les Égyptiens quant à eux persistaient à ne jeûner que durant la Semaine sainte.

« Dans notre quotidien en Carême, la pénitence peut prendre les trois formes du jeûne, de la prière et de l'aumône. »

FOI

LA PÉNITENCE

La pénitence intérieure du chrétien peut trouver des expressions très variées. L'Écriture et les pères de l'Église insistent sur trois formes de pénitence (du grec *métanoia*, changement de vue ou de regard, conversion) : le jeûne, la prière et l'aumône. Tous expriment la conversion par rapport à soi-même, par rapport à Dieu et par rapport aux autres (CEC n° 1434).

Ces actes sont destinés au Père qui voit dans le secret, loin du désir d'être vu des hommes. L'évangéliste Matthieu rapporte ces recommandations de Jésus : « *Quand vous jeûnez, ne prenez pas un air abattu. [...] Mais toi, quand tu jeûnes, parfume-toi la tête et lave-toi le visage ; ainsi, ton jeûne ne sera pas connu des hommes, mais seulement de ton Père qui est présent dans le secret.* » (chapitre 6, verset 16).

S'engager dans ce temps de pénitence, c'est comprendre la demande de Jésus. « *La pénitence intérieure est une réorientation radicale de toute la vie, un retour, une conversion vers Dieu de tout notre cœur, une cessation du péché, une aversion du mal, avec une répugnance pour les mauvaises actions que nous avons commises. En même temps, elle comporte le désir et la résolution de changer de vie avec l'espérance de la miséricorde divine et la confiance en l'aide de sa grâce.* » (CEC n° 1431).

Le Carême a pour enjeu et pour objectif la conversion du croyant. Une conversion qui est d'abord l'œuvre de la grâce de Dieu qui fait revenir nos cœurs à Lui. Nous allons suivre un chemin de conversion, et ce faisant, partir avec Jésus au désert.

Le jeûne

Le jeûne est bien sûr d'origine biblique. Pour les chrétiens, le jeûne quadragésimal est destiné à imiter le Seigneur qui jeûna quarante jours.

Tout au long de l'histoire de l'Église, le jeûne demeura une question majeure. Le texte le plus ancien sur le sujet est signé saint Irénée de Lyon, qui nous décrit une controverse : « *Les uns pensaient qu'il fallait jeûner un jour, les autres deux, d'autres trois, d'autres enfin donnaient à leur jeûne une durée de quarante heures.* »

L'écrivain antique Tertullien (v. 150 ou 160-220) reproche aux catholiques de ne pas imiter les montanistes qui jeûnaient deux semaines par an. Les catholiques, eux, jeûnaient d'un seul trait, les Vendredi et Samedi saints, en vertu du commandement du Seigneur lié à l'enlèvement de l'Époux. « *Des jours viendront où l'Époux sera enlevé à ses disciples, et alors ils jeûneront.* » (Luc 5, 33-35) Ils observaient certains jours des demi-jeûnes, se contentant de pain et d'eau. À partir du concile de Nicée (en 325), les documents attestant du Carême abondent.

Le jeûne de six jours avant Pâques est lié au judaïsme. Pendant l'Exode, les Hébreux devaient se nourrir pendant sept jours du pain de l'affliction (chapitre 12, verset 8). On ne comptait pas le dimanche, car le jeûne était interdit ce jour-là : « *Celui qui s'afflige le jour du dimanche commet un péché* ». Cette coutume de ne jamais jeûner le dimanche est demeurée dans l'Église : c'est le jour du Seigneur.

Mais ces six jours de jeûne ont aussi un autre fondement. Le lundi était considéré comme le commencement du complot des Pharisiens pour faire disparaître Jésus. C'est donc un jeûne de compassion et de deuil pour la disparition de l'Époux. Ce n'est pas un jeûne préparatoire à la célébration du mystère, mais bien un jeûne qui l'accompagne. Il est appelé non pas jeûne antépascal, mais jeûne pascal.

Au temps de l'Église primitive, le jeûne pascal ne dépassait jamais une semaine. Saint Épiphane parle de ces six jours comme d'une « xérophagie » : il s'agissait, le soir venu, de se nourrir exclusivement de pain et d'aliments secs. Pour imiter le Seigneur au désert, d'ordinaire, le jeûne consistait à ne prendre qu'un repas l'après-midi après l'office de none, soit vers 15 heures. En Occident, il semble qu'on ne rompait souvent le jeûne que le soir, après l'office des vêpres. Il arrivait même à Charlemagne d'anticiper les vêpres pour pouvoir manger plus tôt ! La question s'est souvent posée de l'heure de la rupture du jeûne et des comportements qui la suivaient.

Au Xe siècle, l'évêque Rahier de Vérone critiqua ceux qui ne rompaient le jeûne que le soir, mais s'adonnaient alors à des excès de bouche. Au XIIIe siècle, le théologien Alexandre de Halès justifia l'heure de none pour la rupture du jeûne en disant que le Christ avait

Menu de maigre et ustensiles de cuisine, par Jean-Baptiste Chardin, 1731 (musée du Louvre, Paris).

cessé de souffrir à cette heure à laquelle il rendit l'âme. Il apparaissait donc juste de cesser de se mortifier à cette heure-là. À peu près à la même époque, le docteur franciscain Richard de Mittleton enseigna que l'heure à laquelle on mange n'est pas aussi nécessaire à l'essence du jeûne que l'unité de repas. Une collation était devenue nécessaire le soir, car si le repas était pris à midi, il était bien difficile d'attendre jusqu'au lendemain. Ou bien, détachés de ces considérations horaires, certains faisaient le tour de force de ne pas manger pendant plusieurs semaines, bien que cette pratique ne relève pas des préceptes de l'Église.

Il est important de noter que la chair des animaux était interdite, tout comme, souvent, celle des oiseaux et des poissons. Vers 364, le concile de Laodicée recommanda la xérophagie pour tout le Carême. En 653, le 8e concile de Tolède frappa d'excommunication ceux qui violaient l'interdiction de viande. En 789, Charlemagne alla jusqu'à menacer de mort ce délit qui concernait la viande. Pour beaucoup de pères de l'Église, les œufs et les laitages étaient compris comme de la viande, puisqu'ils étaient issus de la vie animale. En ces temps, la crainte était grande de violer le précepte de l'abstinence. Au XIIIe siècle, l'abstinence de laitages et d'œufs fut signalée par saint Thomas d'Aquin comme un usage commun dans toute l'Église. Notons que le poisson n'était pas toujours considéré comme chair, parce qu'il tirait son origine de l'eau. Quant au vin, il avait tendance à être interdit, mais à partir du VIIe siècle, son usage devint toléré en Occident, seul l'abus étant condamné, comme toujours.

« Si le jeûne *stricto sensu* désigne la privation de nourriture, il signifie, bien au-delà, la cessation ou la mise à distance de ce qui nous détourne de Dieu pour nous recentrer sur la prière. »

« Si j'avais été trappiste au XIIe siècle, ou même au XIXe, dans certains monastères, j'aurais été obligé de me serrer la ceinture et d'avoir faim jusqu'à 4 heures de l'après-midi, ou l'on prenait un repas unique ; il n'y avait alors ni collation, ni frustulum. Cette découverte m'humilie et j'avoue que notre jeûne actuel ne me tracasse pas beaucoup. »

Le moine et théologien Thomas Merton, La Nuit privée d'étoiles.

Dans les pratiques du Carême, citons aussi la continence (abstention du *commercium vitae*) des époux recommandée par saint Basile, l'absence de mariage solennel, la suppression des jeux du théâtre et du cirque, et la suspension des procès criminels, afin de consacrer ce temps à la prière et la pénitence.

Il existe des exceptions et exemptions au jeûne. Le huitième concile de Tolède cite diverses causes qui en dispensent : maladie, grand âge, ou toute autre nécessité « *Si une femme enceinte est malade, et si elle ne peut observer le jeûne ces deux jours, qu'elle jeûne le dernier jour, et prenne le premier jour du pain et de l'eau* », lit-on par ailleurs dans le Testament de Notre-Seigneur. Pendant la semaine ou les juifs célèbrent la Pâque, pain, eau et sel sont la seule nourriture tolérée par les canons d'Hippolyte.

Enseignement

Faire Carême

L'abstinence et le jeûne seront observés le mercredi des Cendres et le Vendredi de la Passion et de la mort de notre Seigneur Jésus-Christ (CIC, Code de droit canonique, n° 1251).

Les jours et temps de pénitence pour l'Église tout entière sont chaque vendredi de toute l'année et le temps du Carême (CIC n° 1250).

L'abstinence de viande ou d'une autre nourriture [...] sera observée chaque vendredi de l'année (CIC n° 1251).

Sont tenus par la loi de l'abstinence, les fidèles qui ont quatorze ans révolus ; mais sont tenus par la loi du jeûne tous les fidèles majeurs (CIC n° 1252).

Pendant le Carême, il convient de jeûner selon ses forces, c'est-à-dire faire un seul repas sobre dans la journée, sans viande, ni gras, ni sucre, ni vin, et prendre une boisson ou un fruit le soir.

De nos jours, l'abstention ou la privation volontaire peuvent prendre diverses formes. Si la privation ou la réduction de nourriture est la pratique la plus courante, le jeûne contemporain peut concerner l'abstinence ou la mesure dans la consommation de sucreries, d'alcool, de tabac... Il peut aussi s'agir de limiter son temps d'écran, de résister aux sirènes de la société de consommation et à ses excès. Le choix des pratiques est laissé à l'appréciation de chacun. L'idée est de rompre avec ses habitudes pour adopter la sobriété qui dispose à la prière et la rencontre avec Dieu. Le but n'est pas la sobriété pour elle-même, mais de se rendre disponible à Dieu, de se creuser pour lui, de se rendre plus libre de nos attaches pour avoir l'espace pour Le choisir. La coutume consiste souvent à choisir en début de Carême des résolutions et ces résolutions sont fonction de chacun et de ses besoins spirituels.

Église pendant le jeûne, enluminure, 1492 (British Library, Londres).

Si les pratiques diffèrent selon les pays et les époques, demeure le même esprit de pénitence adapté aux coutumes contemporaines.

Ainsi, Magnify 90 ou Exodus 90 font l'objet d'un intérêt croissant et révèlent la soif de pratiques de Carême plus strictes, d'une exigence évangélique, reflets d'un désir ardent de se rapprocher de Dieu. On distingue Magnify 90 pour les femmes d'Exodus 90 pour les hommes. Le nombre 90 évoque la durée en jours de la pratique : douches froides, absence des réseaux sociaux, abstention de films, de séries, de musique facile, de sodas et d'alcool, une heure de prière quotidienne, une vraie nuit de sommeil, des lectures solides, et surtout un groupe fraternel d'entraide... Le tout, pour mieux chercher Dieu. Face à de telles exigences, le succès de cette pratique peut apparaître paradoxal. Nos contemporains souhaitent-ils finalement régler plus sérieusement leur vie spirituelle, en suivant une proposition exigeante qui rappelle l'Évangile ?

La prière : un acte d'humilité

Après le jeûne et l'aumône ou la charité, la prière (du latin *orare*, prier) est le deuxième fondement du Carême. Pendant cette période, elle doit redoubler de ferveur pour mieux assurer le cheminement vers Dieu. La prière consiste à s'engager dans un acte qui va nous rapprocher de Dieu, nous relier à Lui dans une relation unique et spéciale. Elle est tout d'abord collective, lors de la messe du dimanche et lors des grands rites liturgiques. Mais elle est aussi personnelle. Elle se prolonge dans l'intimité de chacun, possiblement chaque jour, à chaque instant de la journée.

Aucune pratique n'est spécifiquement imposée en la matière, mais les plus sûrs moyens d'entretenir l'esprit de prière sont encore le recueillement, le silence extérieur, et en soi, de manière à se placer en position d'écoute, ainsi que la méditation assidue de la Sainte Écriture.

« Pour moi la prière c'est un élan du cœur, c'est un simple regard jeté vers le ciel, c'est un cri de reconnaissance et d'amour au sein de l'épreuve comme au sein de la joie. »

Sainte Thérèse de l'Enfant Jésus et de la Sainte Face, manuscrit autobiographique.

La prière a pour fondement l'humilité. « *La prière est la rencontre de la soif de Dieu et de la nôtre* » (CEC n° 2560). C'est le cœur qui prie, lieu de la vérité et de la rencontre, notre centre caché, que Dieu seul peut sonder et connaître. La prière est action de Dieu et de l'homme, une relation vivante. La vie de prière consiste à être habituellement en présence du Dieu trois fois saint et en communion avec Lui (CEC n° 2565). La prière est chrétienne en tant qu'elle est communion avec le Christ et qu'elle se dilate dans l'Église qui est son Corps.

« J'ai été initié à la vieille méthode dominicaine, précise et infaillible : "tu te mets à genoux pendant une demi-heure, et tu vois ce qui se passe. [...] La prière est un combat, et un combat difficile. »
Adrien Candiard, *Quand tu étais sous le figuier.*

Les formes de prières

Les Évangiles présentent Jésus comme un être de prière qui prie selon son cœur d'homme. Il a appris les formules de prière de sa mère, qui conservait et méditait dans son cœur toutes les grandes choses faites par le Tout-Puissant. La prière de Jésus est avant tout une remise humble et confiante de sa volonté humaine à celle, aimante, du Père. Toute sa prière réside dans cette adhésion aimante de son cœur d'homme au mystère de la volonté du Père. Il adhère à Celui qui donne et Se donne. Dans cette équation, le Donateur est plus précieux que le don accordé.

La demande

La forme la plus habituelle et la plus spontanée de la prière est la demande, qui est déjà un retour vers Dieu. La demande du pardon, en particulier, est le préalable d'une prière juste et pure : « Ayez pitié de moi, Seigneur, parce que je suis un pécheur. » Dans la prière de demande, centrée sur le désir du Royaume, il convient de hiérarchiser les demandes : « Je demande Dieu et les moyens d'aller à Dieu. » Dans la mesure où il est un moyen d'aller vers Dieu, tout besoin peut faire l'objet d'une demande dans la prière.

La prière d'action de grâce

Elle transforme tout événement ou tout besoin en offrande d'action de grâce : « *En toute condition, soyez dans l'action de grâces. C'est la volonté de Dieu sur vous dans le Christ Jésus.* » (1 Thessaloniciens 5, 18

La prière de louange

C'est celle qui reconnaît le plus immédiatement que Dieu est Dieu. Elle le chante pour Lui, et Lui rend gloire au-delà même de ce qu'Il fait : parce qu'Il est.

L'Eucharistie contient et exprime toutes ces formes de prière. Elle est l'offrande pure de tout le Corps du Christ. Les traditions d'Orient et d'Occident la placent comme le sacrifice ultime de louange.

La prière nécessite de la volonté, et un certain apprentissage. Dans le cœur priant, l'Esprit Saint est l'eau vive qui apprend à aller à la source, le Christ, en des points où Il nous attend pour nous abreuver de cet Esprit Saint.

« Dieu parlait à Moïse face à face, comme un homme parle à son ami » (Exode 33, 11). Moïse est donc l'exemple même d'une prière intime avec Dieu. C'est dans cette rencontre et ce lien de fidélité que Moïse trouve le lieu où il va pouvoir intercéder pour les autres. La prière serait donc une rencontre d'amitié essentielle. Samuel offre lui aussi l'exemple de son attitude dans sa relation à Dieu, une posture juste, exemplaire et inspirante pour tout un chacun : « Parle, Seigneur, car ton serviteur écoute. »
1 Samuel 3, 9-10.

LA PRIÈRE, LA PAROLE DE DIEU, LA LITURGIE ET LES VERTUS THÉOLOGALES

La science du Christ s'apprend par une lecture fréquente de l'Écriture : « *Cherchez en lisant, et vous trouverez en méditant ; frappez en priant, et il vous sera ouvert par la contemplation.* » (CEC n° 2654).

> *« Il n'est pas d'autre chemin de la prière chrétienne que le Christ. Elle n'a accès au Père que si nous prions dans le nom de Jésus. La sainte Humanité de Jésus est donc le chemin par lequel l'Esprit Saint nous apprend à prier Dieu notre Père. »*

La prière à la Mère de Dieu est centrée sur la personne du Christ. Marie est l'Orante parfaite, figure de l'Église tout entière.

FOI

LA PRIÈRE, EN PRATIQUE

La prière liturgique pour la communauté paroissiale se fait dans l'église. Le choix d'un endroit favorable n'est pas sans incidence sur la vérité de la prière. En parallèle, dans l'intimité, il est bon de concevoir un lieu personnel de prière, où elle pourra se faire dans le secret : un petit oratoire qui convienne à nos goûts personnels, dans lequel on déposera une icône, une statue ou une image sainte qui nous émeut ou « parle » à notre âme, un espace qui, si petit soit-il, nous mette dans les meilleures dispositions de la prière.

Il convient de mettre en place des rituels de prières, par exemple au lever et au coucher, avant ou après les repas, de manière que le rythme de la prière épouse celui de la vie. Ainsi le rythme du quotidien est-il sanctifié.

On distingue trois expressions majeures de la vie de prière : la prière vocale, la méditation, et l'oraison.

La **prière vocale** est une donnée indispensable de toute vie chrétienne. Jésus enseigne aux disciples le *Notre Père*, expression de sa prière personnelle. L'expression extérieure associe le corps à la prière intérieure, pour offrir à Dieu un hommage parfait. Extérieure et pleinement humaine, la prière vocale est par excellence la prière des foules (CEC nos 2700 et suivants).

Autre expression de la prière, la **méditation** consiste en une recherche, une quête d'appropriation de ce qui est lu et de ce qui est vécu. Cette mobilisation est nécessaire pour approfondir les convictions de foi, susciter la conversion du cœur, et fortifier la volonté de suivre le Christ. C'est une forme de réflexion priante (CEC n° 2705 et suivants).

Dernière expression de la prière, **l'oraison**, qui est écoute et silence, est le temps fort par excellence de la prière (CEC nos 2709 et suivants). Selon sainte Thérèse d'Avila, il s'agit d'un échange d'amitié avec Dieu dont on se sait aimé. Le choix du temps et de la durée de l'oraison relève d'une volonté déterminée, révélatrice des secrets du cœur. Il ne s'agit pas de faire oraison quand on a le temps, mais de prendre le temps d'être *pour* le Seigneur, avec la résolution de ne pas Lui reprendre ce temps en cours de route. Il n'est pas possible de toujours méditer, mais il est toujours possible d'entrer en oraison.

Don de la grâce et réponse volontaire à Dieu, la prière suppose toujours un effort. Elle nécessite souvent, pour y parvenir, un combat contre diverses formes de tentation, à la fois nous-mêmes et contre les ruses du tentateur qui nous détourne d'elle (CEC nos 2725 et suivants). La tentation la plus fréquente, et peut-être la plus insidieuse, est le manque de foi, qui s'exprime moins par une incrédulité affichée que par une préférence de fait. Les urgences de la vie courante apparaissent comme prioritaires sur le temps consacré à la prière. Elles nous font oublier cette parole de Jésus : « *Hors de moi, vous ne pouvez rien faire* » (Jean 15, 5). Autre tentation : l'acédie, une forme de relâchement de l'ascèse due à la baisse de la vigilance, au découragement, à la négligence du cœur (CEC n° 2732-2733).

Autre obstacle à la prière, la distraction, révélatrice de ce à quoi notre cœur s'attache ; le combat consiste alors à choisir le Seigneur, à Le préférer. La sécheresse du cœur, enfin, est une autre difficulté ; le combat consiste alors à se convertir (CEC nos 2729-2731)

La prière est possible à tout moment. Selon saint Jean Chrysostome cité dans CEC 2743, *« il est possible, même au marché ou dans une promenade solitaire, de faire une fréquente et fervente prière. Assis dans votre boutique, soit en train d'acheter ou de vendre, ou même de faire la cuisine. »*

Notons encore que prier est une nécessité vitale et salvatrice : « *Qui prie se sauve certainement ; qui ne prie pas se damne certainement* » (Saint Alphonse de Liguori cité dans CEC n° 2744).

Enfin, prière et vie chrétienne sont indissociables, car elles expriment toutes deux l'amour de Jésus.

« Moi aussi il m'est arrivé de ne plus sentir la présence de Dieu autour de moi. Mais il est comme le soleil : même derrière les nuages, il continue de briller. Il suffit d'attendre et de prier, alors vous le verrez, car vous n'aurez jamais cessé de regarder vers lui. »

Thibault de Montaigu, La Grâce.

« Ouvrons dans nos vies
et trouvons dans notre
quotidien l'espace pour
l'intimitié avec Dieu
dans la prière. »

Enseignement

Prière & confiance

Toute vie de prière est liée à la confiance filiale. Mais cette confiance peut être mise à l'épreuve, quand une prière de demande semble ne pas être exaucée. Il est bon alors de se demander si nous adressons à Dieu les bonnes demandes, ou si nous le faisons correctement.

« Vous ne possédez pas parce que vous ne demandez pas. Vous demandez et vous ne recevez pas parce que vous demandez mal, afin de dépenser pour vos passions. »
Jacques 4, 2-3.

Enfin, on ne saurait parler de la prière sans évoquer celle léguée par Jésus, dont on dit qu'elle serait le résumé de tout l'Évangile : le *Notre Père*. En voici le texte tiré de l'Évangile de saint Matthieu (chapitre 6, versets 9 à 13) :

Notre Père qui es aux cieux,
Que ton nom soit sanctifié,
Que ton règne vienne,
Que ta volonté soit faite sur la terre comme au ciel.
Donne-nous aujourd'hui notre pain de ce jour,
Pardonne-nous nos offenses
comme nous pardonnons à ceux qui nous ont offensés,
et ne nous laisse pas entrer en tentation,
mais délivre-nous du mal.
Amen.

« L'oraison dominicale est la plus parfaite des prières… En elle non seulement nous demandons tout ce que nous pouvons désirer avec rectitude, mais encore selon l'ordre où il convient de le désirer. De sorte que cette prière non seulement nous enseigne à demander, mais elle forme aussi toute notre affectivité. »
Saint Thomas d'Aquin, *Somme théologique II-II 83 9.*

L'aumône ou la charité

Le mot « aumône » (du grec *eleèo*, « J'ai compassion », et son dérivé latin *elemosina*, « miséricorde », « pitié ») englobe tous les actes de compassion, œuvres de miséricorde et dons de soi envers le prochain, et en particulier envers les plus démunis. Les pères de l'Église sont unanimes à déclarer que l'aumône est le complément nécessaire du jeûne en tant que troisième fondement du Carême.

Pilier de la tradition juive, l'aumône voit son importance rappelée et renouvelée dans les enseignements du Christ dans son Sermon sur la montagne :

> *« Gardez-vous bien de faire des dons devant les hommes pour qu'ils vous regardent ; sinon, vous n'aurez pas de récompense [...]. Donc, lorsque tu fais un don à quelqu'un, ne sonne pas de la trompette devant toi [...]. Quand tu fais un don, que ta main gauche ne sache pas ce que fait ta droite, afin que ton don se fasse en secret ; et ton Père, qui voit dans le secret, te le rendra »*
> Matthieu 6, 1-4.

Il s'agit bien de faire don de soi dans le secret, sans attente de retour ni de reconnaissance sociale, tout entier, de même que la pauvre veuve du Temple de Jérusalem (Marc 12, 41-44), de même que Dieu a donné la vie et son Fils pour l'humanité.

Jésus rencontre la veuve Anne au Temple (gravure de Gustave Doré, XIXe siècle).

Le chrétien doit donner pour le soulagement des pauvres ce qu'il retranche à sa propre nourriture. Sans l'exercice de la miséricorde, le jeûne le plus austère ne saurait plaire au Seigneur : « *Voici le genre de jeûne que je préconise* : détacher les chaînes dues à la méchanceté, dénouer les liens de l'esclavage, renvoyer libres ceux qu'on maltraite. Mettez fin aux contraintes de toute sorte », dit le Seigneur (Isaïe 58, 6). Sur la question, l'Évangile de Matthieu nous rapporte une Parole majeure du Seigneur : « *Ce que vous avez fait au plus petit d'entre les miens, c'est à moi que vous l'avez fait.* » (Matthieu 25, 40).

> *« Le jeûne et l'aumône sont les deux ailes qui soulèvent jusqu'à Dieu la prière du Carême. »*
> Saint Augustin.

« Fondement du Carême et de toute vie chrétienne, l'aumône et la charité peuvent être aussi tangibles que spirituelles. »

Enseignement

Les sept œuvres de miséricorde

On distingue sept œuvres de miséricordes corporelles : donner à manger aux affamés ; donner à boire à ceux qui ont soif ; vêtir ceux qui sont nus ; accueillir les étrangers ; assister les malades ; visiter les prisonniers ; ensevelir les morts.

Et sept œuvres spirituelles : conseiller ceux qui sont dans le doute ; enseigner les ignorants ; avertir les pécheurs ; consoler les affligés ; pardonner les offenses ; supporter patiemment les personnes ennuyeuses ; prier Dieu pour les vivants et les morts.

La parabole du Bon Samaritain (vitrail de la cathédrale de Chartres).

Le don et le pardon

Le jeûne et l'aumône purifient l'âme pour lui rendre plus facile et plus habituelle son ascension vers Dieu. Selon saint Augustin, le chrétien doit pratiquer deux sortes d'aumônes durant le Carême : le don et le pardon. Pardonner les injures, les bannir, y compris de ses pensées, et du fond du cœur, tel est le point sur lequel les Pères reviennent avec le plus de vigueur.

Le flot de miséricorde de Dieu ne peut pénétrer notre cœur tant que nous n'avons pas pardonné à ceux qui nous ont offensés, comme nous le professons dans la prière du *Notre Père* : « *Pardonnez-nous nos offenses, comme nous aussi nous pardonnons à ceux qui nous ont offensés.* » L'amour, comme le corps du Christ, est indivisible : nous ne pouvons aimer le Dieu que nous ne voyons pas si nous n'aimons pas le frère ou la sœur que nous voyons. Cette demande est si importante qu'elle est la seule sur laquelle le Seigneur revient et qu'Il développe dans le sermon sur la montagne.

Il n'est certes pas en notre pouvoir de ne plus ressentir et d'oublier une offense. Cependant, le cœur qui s'offre à l'Esprit Saint retourne la blessure en compassion et purifie la mémoire en transformant l'offense en intercession.

La prière chrétienne va jusqu'au pardon des ennemis. Le pardon témoigne que l'amour est plus fort que le péché. Il est la condition fondamentale de la réconciliation, celle des enfants de Dieu avec leur Père et celle des hommes entre eux.

Il n'y a ni limite ni mesure à ce pardon essentiellement divin. La communion de la Trinité est la source et le critère de la vérité de toute relation humaine.

LES DERNIERS JOURS DE CARÊME

Le quatrième dimanche de Carême, dit « dimanche de Laetare », a le rose pour couleur liturgique, afin de manifester la joie de la Résurrection du Seigneur qui approche.

Le cinquième dimanche de Carême s'appelle aussi « premier dimanche de la Passion » parce qu'il ouvre la Semaine de la Passion. On l'appelle aussi « néoménie », nouvelle lune pascale, ou encore « dimanche noir » en Allemagne.

La coutume veut que, dans toutes les églises, soient voilés les croix, les crucifix et les statues de saints. Ce voilement est voulu par la liturgie pour venir nous bousculer dans nos habitudes et stimuler notre foi : nous ne voyons plus, il nous faut donc chercher au-delà des apparences. C'est comme si le Christ se dépouillait de sa divinité, de sa gloire ; comme si, en homme de douleur, Il perdait de Sa splendeur. Pendant la Semaine sainte, les saints s'effacent totalement et ne sont jamais célébrés : Dieu seul est célébré.

Le catéchuménat

Au terme du Carême, temps de conversion pour les aspirants au baptême comme pour tous les chrétiens, des milliers de catéchumènes (du grec *katêkhoúmenos*, « celui/celle qui est instruit(e) de vive voix ») seront baptisés dans le mystère de la nuit de Pâques. Ce sacrement de l'initiation est associé au passage du Christ de la mort à la résurrection, d'où sa célébration au cours de la nuit pascale. En recevant l'eau sur leur tête, les catéchumènes, dans la nuit de Pâques, seront purifiés du péché, engagés dans une vie nouvelle.

> *« Le baptême, porte des sacrements, nécessaire au salut, qu'il soit reçu en fait ou du moins désiré, par lequel les êtres humains sont délivrés de leurs péchés, régénérés en enfants de Dieu, et, configurés au Christ par un caractère indélébile, sont incorporés à l'Église, n'est conféré validement que par un le bain d'eau véritable accompagné de la formule requise. »*
> CEC n° 849.

Avant de devenir universelle, la quarantaine a d'abord été conçue pour les catéchumènes et les pénitents. La préparation des catéchumènes influa dès les origines sur le choix des lectures de la liturgie du Carême. Elle fit prévaloir les idées de lutte contre le démon, de mort au péché et de purification.

Les origines du catéchuménat demeurent floues. Aux premiers temps de l'Église, on admettait en catéchuménat ceux qui formulaient une profession de foi au Christ. Mais très vite, des hérésies apparurent. Il fallut prendre des mesures pour sauvegarder la foi des convertis. On songea à faire précéder le baptême d'une période d'instruction dogmatique et morale. À partir du début du IIIe siècle, le catéchuménat se répandit partout.

FOI

LE BAPTÊME : NÉCESSAIRE POUR LE SALUT, D'APRÈS JEAN 3, 5.

Le baptême sacramentel se réalise au moyen de l'eau versée et des paroles sacramentelles qui sont prononcées ; l'Église ne connaît pas d'autres moyens que le baptême pour entrer dans la béatitude éternelle (CEC n° 1257). Toute personne, en cas d'imminence de mort, peut baptiser si elle a l'intention de faire ce que fait l'Église et si l'individu en danger en a le désir. Il suffit de verser de l'eau sur la personne en disant : « X, je te baptise au nom du Père, et du Fils, et du Saint-Esprit. » Les deux éléments indispensables sont donc l'eau et la formule trinitaire.

Il existe deux suppléances au sacrement : le désir et le sang.

Le baptême de désir correspond au désir explicite de recevoir le baptême uni à la repentance des péchés et à la charité. On parle même d'un désir implicite et inconscient du baptême, pour celles et ceux qui ignorent de bonne foi le Christ et son Église, mais qui cherchent la vérité et à faire la volonté de Dieu. Ce désir assure le salut qui n'a pu être reçu par le sacrement (CEC n° 1259).

Le baptême de sang s'adresse à celles et ceux qui subissent la mort en raison de la foi, sans avoir reçu le baptême : ils sont baptisés par leur mort symbolique, pour et avec le Christ (CEC n° 1258).

Le mot « catéchumène » revêtait un sens technique. Il désignait ceux qui désiraient devenir chrétiens par le baptême et qui se préparaient à recevoir ce sacrement en étudiant la religion du Christ. Le catéchuménat durait normalement trois ans. Si le catéchumène venait à pécher gravement, il pouvait être relégué ou exclu (selon les conciles de Néocésarée et de Nicée, au IVe siècle). Si tout allait bien, il pouvait désormais prier avec les fidèles, mais à partir de l'offertoire, il ne pouvait participer à la partie de la messe dite « des fidèles ». Il pouvait être interrogé sur ses connaissances et examiné sur sa vie, et recevoir quotidiennement des exorcismes. Il convenait de chasser les démons de leurs corps et de leurs âmes. L'évêque opérait le dernier exorcisme, le plus solennel. À l'issue de cette période de probation, on pouvait procéder au baptême.

À notre époque, les baptêmes des enfants sont toujours précédés de prières d'exorcisme. Quant aux baptêmes d'adultes, ils sont précédés par trois scrutins (ou examens) reçus les troisième, quatrième et cinquième dimanche de Carême. Les catéchumènes sont invités à vivre ces trois rites pénitentiels considérés comme des rites d'exorcisme. Ils signifient aux catéchumènes qu'ils ne peuvent accéder à l'eau vive du baptême et accueillir l'amour du Christ sans faire la vérité sur eux-mêmes, pécheurs, et sans combattre le démon. Car être baptisé, c'est se laisser envahir par la vie de Dieu.

L'EXORCISME

Depuis le VIe siècle, l'Église pratiquait habituellement trois exorcismes pour le baptême des enfants : « *Sors de cet enfant, esprit impur, et cède la place à l'Esprit Saint, muet et sourd.* » « *Exorcizo te, immonde spiritus.* » « *Je t'adjure, esprit impur, qui que tu sois, [...] sors de cette créature de Dieu.* »

LE BAPTÊME IMPRIME UN CARACTÈRE INDÉLÉBILE

« Les trois sacrements du baptême, de la confirmation et de l'ordre confèrent en plus de la grâce, un caractère sacramentel ou sceau par lequel le chrétien participe au sacerdoce du Christ et fait partie de l'Église selon des états et des fonctions diverses. Cette configuration au Christ et à l'Église, réalisée par l'Esprit, est indélébile, elle demeure pour toujours dans le chrétien comme disposition positive pour la grâce, comme promesse et garantie de la protection divine et comme vocation au culte divin et au service de l'Église. Ces sacrements ne peuvent donc jamais être réitérés. »
CEC n° 1121.

On peut donc seulement faire retirer son nom d'un registre, mais en aucun cas être « débaptisé ».

Se (re)convertir

Retourner à Dieu

Le Carême lance un appel à la conversion, la « re-conversion » et la pénitence. Par « pénitence », on entend le fait de reconnaître ses fautes, de s'écarter du péché pour retourner à Dieu. Cet élan s'opère tant dans la dynamique collective de l'Église que dans la démarche individuelle. Elle a trois formes : la prière, l'aumône et le jeûne.

Prier, mais comment ?

Jésus nous conseille une prière dans le secret : « *Évitez de l'accomplir devant les hommes pour vous faire remarquer* » ; « *Quand vous priez, ne soyez pas comme les hypocrites : ils aiment à se tenir debout dans les synagogues et aux carrefours pour bien se montrer aux hommes quand ils prient.* » Et de conclure : « *ton Père qui voit dans le secret te le rendra* » (Matthieu 6, 1-6).

La prière peut se faire à tout moment de la journée. Il est possible d'instaurer un rituel en réservant un moment précis de la journée où l'on se sait un peu plus disponible pour quelques minutes : après un repas, lors de sa pause, au coucher... Elle présente aussi la souplesse de pouvoir se faire en tout lieu. Maison de Dieu, l'église est bien sûr l'endroit par excellence de la prière, mais elle est loin d'être le seul. Un endroit spécifique de la maison peut être aménagé autour d'une image, une icône et/ou un crucifix. L'intimité de la chambre se prête aussi à l'exercice. Cette activité de prière peut se faire partout : dans la nature, en voiture, etc.

Écouter

Comment écouter Dieu ? Dans son adresse à Dieu, Samuel utilise ces mots : « *Parle, Seigneur, ton serviteur écoute.* » (1 Samuel 3,9) Samuel, homme du Temple, serviteur de Dieu, peut se dire à l'écoute de Dieu, à la recherche de la volonté et de la voix de Dieu. L'écoute ne relève-t-elle pas de l'amour ? Car puis-je aimer sans écouter ? Puis-je écouter sans être vraiment présent à l'autre, sans m'oublier un peu moi-même ? Puis-je écouter sans attention, sans volonté de le faire, *in fine*, sans don de moi ? Cette notion de présence à l'autre sonne juste non seulement dans l'ordre de la prière, mais aussi dans celui de la relation humaine : comment entrer en relation sans être présent ?

Mais écouter n'est pas un ordre absolu, si ce n'est avec Dieu. Il est permis de dire avec sincérité que je ne suis pas en état d'écouter, pas à même de recevoir. Je peux refuser d'écouter les paroles mauvaises, pécheresses ou destructrices, celles qui abîment. Il est permis de refuser d'écouter, de refuser de laisser entrer en moi certains mots, certaines idées, certains jugements. Car je reste toujours à la fois libre et responsable de ce que j'écoute.

Récitant le Deutéronome, Jésus enjoint : « *Écoute, Israël !* »

Chercher Dieu

Le Carême est le temps pour rechercher la présence de Dieu et écouter son message. Jésus ne nous a-t-il pas dit : « *Demandez, et l'on vous donnera ; cherchez, et vous trouverez ; frappez, et l'on vous ouvrira* » (Matthieu 7, 7-8) ?

Dieu est avant tout à chercher en son âme. On parle d'une présence divine en nous par la grâce. Dieu nous a adopté par le baptême.

Si le Seigneur, invisible, ne semble concrètement nulle part, Il est omniprésent et sa présence est en réalité à reconnaître partout. Car Il donne l'existence à chacune des beautés de la nature et du règne animal, merveilles de sa Création. Nous pouvons le déceler jusque dans ses plus petites manifestations. On dit que c'est une présence d'immensité. Dieu est présent dans chaque créature puisqu'Il la maintient dans l'existence. Il est aussi présent, par l'Eucharistie, d'une présence sacramentelle.

Se modérer

En vue de la quête de Dieu, le Carême appelle à une modération dans nos comportements. Dans notre monde moderne, il ne s'agit pas seulement d'abstinence alimentaire ou de privation de viande, mais plus globalement de mesurer nos pratiques de consommation ou de loisirs. Cela concerne d'abord ce qui nous semble futile ou vide de sens.

Ce jeûne des temps modernes peut aussi concerner, peut-être, nos activités professionnelles. Le syndrome d'épuisement, communément appelé *burn out*, peut être une occasion de cesser momentanément ses activités, si c'est possible, pour prendre le temps de réfléchir à notre vie et à nos priorités, de redécouvrir nos proches ou de renouer avec une passion. Ce sera une invitation à se demander si le travail n'est pas devenu un dieu à la place de Dieu. Le temps et l'énergie ainsi dégagés peuvent servir à consacrer davantage de temps au recueillement, afin de retrouver le sens de Dieu dans notre vie.

Se déconnecter… pour se reconnecter

Il ne s'agit pas de faire grise mine pour montrer que l'on fait Carême. Nous sommes soumis à des obligations, il ne s'agit donc pas d'arrêter de vivre. Il est normal de poursuivre son travail et même ses loisirs. Ce travail de pénitence et de conversion n'empêche nullement la vie professionnelle ou sociale. Les choix pénitentiels ne sont pas incompatibles avec les occupations du quotidien.

« Mais toi, quand tu pries, retire-toi dans ta pièce la plus retirée, ferme la porte, et prie ton Père qui est présent dans le secret. »

Évangile selon saint Matthieu, chapitre 6, verset 6.

La Semaine sainte et le Triduum pascal

Le dimanche des Rameaux

Le sixième dimanche de Carême et deuxième dimanche de la Passion ouvre la Semaine sainte, aussi appelée semaine de la Passion. Il commémore l'entrée de Jésus à Jérusalem et introduit au mystère de la Passion. La coutume de la procession des Rameaux est née à Jérusalem au IVe siècle. La pèlerine Éthérie raconta comment les enfants accouraient au-devant du Seigneur en agitant des rameaux de palmiers ou d'oliviers, et en récitant les paroles de l'Évangile : « *Béni soit celui qui vient au nom du Seigneur.* » (Jean 12, 13). Cette procession se répandit dans quasiment tout l'Orient.

La liturgie de ce jour comprend deux parties : la bénédiction et la procession des palmes ou des rameaux, puis la célébration de la messe, avec lecture ou chant de la Passion selon saint Matthieu.

Très populaire, la fête des rameaux voit affluer vers les églises des foules particulières. Elle continue d'attirer de nombreux chrétiens, même peu pratiquants, désireux de rapporter du buis ou de l'olivier bénits chez eux. Ils le conserveront jusqu'au mercredi des Cendres de l'année suivante. Par ces pratiques simples et annuelles, cette forme de religion populaire rattache de nombreuses personnes à Dieu.

L'entrée de Jésus à Jérusalem par Giotto, 1303-1305 (Cappella degli Scrovegni, Padoue, Italie).

La Semaine sainte

La liturgie de la Grande semaine tire ses origines de la géographie de Jérusalem. Racontée toujours par Éthérie au IVᵉ siècle, cette Grande semaine s'ouvrait alors au soir du samedi de Lazare, appelé Grand samedi. La journée commençait à l'église de Lazare en partant de Béthanie, et se terminait à une rotonde appelée Anastasis (« Résurrection »). Le lendemain, dimanche des Rameaux, se déroulait à la basilique Martyrium, puis à l'église du Pater Noster (aussi appelée l'Éléona et adossée au mont des Oliviers), puis à la chapelle de l'Ascension (autrefois appelée Imbomon), puis à l'Anastasis, l'église du saint Sépulcre.

De nos jours, l'Église a conservé une sacralisation des jours qui précèdent Pâques, que nous allons à présent contempler.

« Je suis la résurrection et la vie. Celui qui croit en moi, même s'il meurt, vivra ; quiconque vit et croit en moi ne mourra jamais. »

Évangile selon saint Jean, chapitre 11, versets 25-26.

La messe chrismale

Célébrée par les évêques dans les cathédrales, elle a lieu le Jeudi saint ou, par souci pratique, un autre jour du début de la Semaine sainte (du lundi au mercredi). Prêtres, diacres et fidèles y sont conviés pour célébrer l'unité de la communauté diocésaine autour de son évêque. En ce jour, les prêtres renouvellent leurs promesses sacerdotales. Ce jour est considéré comme la fête du sacerdoce.

> *« Un ange ne peut absoudre le péché, mais même un prêtre pécheur le peut. Qu'un prêtre est quelque chose de grand ! Il est un médiateur entre le Seigneur et le pauvre pécheur, entre nous et son Père éternel. »*
> Saint Curé d'Ars

La messe chrismale a pour temps fort la consécration, ou bénédiction, par l'évêque, du saint chrême, aussi appelé huile sainte ou huile chrismale. Ce mélange d'huile d'olive, de baume et d'autres substances parfumées sera utilisé en onction dans les sacrements du baptême, de la confirmation et de l'ordination, célébrés au long de l'année dans le diocèse, en particulier pour les baptêmes célébrés au cours de la nuit pascale quelques jours plus tard.

Pour les baptisés, elle exprime la consécration ou configuration au Christ ; chez les confirmés, l'onction signifie la plénitude des dons du Saint-Esprit. Pour ceux qui sont appelés aux ministères de l'Église, évêques et prêtres, elle est le signe de la consécration au service du Christ et de leurs frères.

LES TROIS HUILES SACRÉES

Aux premiers siècles chrétiens, aucun jour particulier n'était désigné pour ces bénédictions. L'évêque consacrait le saint chrême quand le besoin s'en faisait sentir. C'est à partir du Ve siècle que l'usage fixa ce rituel au Jeudi Saint. En 845, le concile de Meaux interdit même aux évêques de consacrer le chrême un autre jour.

Le saint chrême (du grec *khrisma*, « onguent, parfum ») : utilisé dans les sacrements du baptême des jeunes enfants, de la confirmation et de l'ordination sacerdotale, la consécration des évêques, ainsi que la bénédiction des cloches.

L'huile des catéchumènes : utilisée lors des baptêmes d'adultes.

L'huile des malades ou huile des infirmes : utilisée pour l'onction des malades. « Avec la bénédiction de Dieu, [elle] soulagera le corps, l'âme et l'esprit des malades qui en recevront l'onction. »

« Y a-t-il quelqu'un parmi vous qui soit malade ? Qu'il appelle les Anciens de l'Église, et qu'ils prient pour lui, et qu'ils l'oignent d'huile au Nom du Seigneur. » Jacques 5, 14.

Le Triduum pascal

Point d'orgue de l'année liturgique, le Triduum pascal ou Triduum sacré désigne les trois jours allant de l'office des vêpres le jeudi soir à celui du dimanche soir de Pâques (selon l'usage biblique de compter les jours à partir du soir). Pendant ce laps de temps, nous allons méditer sur l'ultime repas de Jésus avec les apôtres, son arrestation, sa mise en croix et enfin sa résurrection.

Le Jeudi saint

Le Jeudi Saint marque l'entrée dans le Triduum pascal. La croix est recouverte d'un voile de la couleur liturgique (blanc le Jeudi saint). À l'origine, les jours sacrés ne commençaient que le Vendredi saint, le Jeudi saint étant, en ces temps, rattaché au Carême. C'est seulement vers le Ve siècle qu'en Occident, le jeudi commença à être joint aux Vendredi et Samedi saints pour former le Triduum sacré. Au XIe siècle, il devint un jour de réunion, de lectures et de prières.

L'office solennel, dit des Ténèbres, existait au moins depuis le VIIIe siècle. Matinal, il était en principe célébré à la fin de la nuit, pour se terminer au lever du jour. Il commençait donc dans l'obscurité et, au fur et à mesure que le jour se levait, les cierges et les autres luminaires de l'église étaient éteints. On utilisait un chandelier à quinze branches. À la fin de l'office, on faisait du bruit dans l'église avec les chaises et les stalles ; ce bruit appelé *strepitum* évoquait le tremblement de terre de la crucifixion dont parle saint Matthieu. Un cierge allumé, caché derrière l'autel, était montré au peuple, attestant que la lumière ne tarderait pas à jaillir des ténèbres. Lumière qui était le signe de la Résurrection du Christ.

Ce jeudi qui précède Pâques commémore l'institution de l'Eucharistie par Jésus-Christ lors de la Cène. Il s'agit du repas qu'Il partagea avec ses disciples, la veille de sa mort. Lors de ce repas d'adieu, Il institua l'Eucharistie sous la forme du pain et du vin consacrés. Le Nouveau Testament comporte quatre récits de la Cène : les Évangiles de Matthieu, Marc et Luc (l'évangéliste Jean n'évoquant pas l'institution eucharistique), et la première épître de Paul aux Corinthiens.

L'institution de l'Eucharistie lors de la Cène
« Puis, ayant pris du pain et rendu grâce, il le rompit et le leur donna, en disant : "Ceci est mon corps, donné pour vous. Faites cela en mémoire de moi." Et pour la coupe, après le repas, il fit de même, en disant : "Cette coupe est la nouvelle alliance en mon sang répandu pour vous." »
Luc 22, 19.

« Empreint de gravité et de solennité, le Jeudi saint ravive le souvenir de l'institution de l'eucharistie et de l'instauration de la Nouvelle Alliance avec Dieu. »

Les quatre écrits s'accordent sur des points essentiels. Il est relaté que Jésus prit le pain, prononça la prière de bénédiction et d'action de grâce, et rompit le pain, indiquant la *berakha*, la grande prière d'action de grâce et de bénédiction dans la tradition juive. Rompre le pain est la fonction du père de famille. On distingue cependant deux lignes de tradition :

La Nouvelle Alliance

celle de Marc et de Matthieu, et celle de Paul et de Luc. La première tradition dit : « *Ceci est mon corps* », et la seconde : « Ceci est mon corps, qui est donné pour vous. » Quoi qu'il en soit, la rupture et le partage du pain créent la communion. Dès le christianisme primitif, le fait de rompre le pain désigne l'acte d'eucharistie.

Jésus instaure aussi la Nouvelle Alliance, c'est-à-dire le don total de lui-même, dans et par son sang. Dans les Évangiles de Marc et Matthieu, le sang est sujet : « *Ceci est mon sang* » ; dans celui de Luc et dans l'épître de Paul : « Ceci est la nouvelle alliance en mon sang », peut-être par égard pour les juifs que le sang rebutait. Mais participer à son sang, c'est dans tous les cas recevoir Sa vie. Jésus se donne lui-même pour la multitude. Et sa mort vaut pour les juifs comme pour les païens : c'est là une vraie nouveauté.

Dans son texte, l'apôtre Paul semble faire allusion au Séder de la Pessah, le repas de la Pâques juive. Les paroles eucharistiques sur la coupe, en particulier, renvoient à la bénédiction qui suit la quatrième et dernière coupe du Séder traditionnel. Mais le sang demeure un interdit ancestral d'Israël. Le sang, n'appartenant qu'à Dieu, ne devait pas être consommé par les hommes. Le sang était un tabou. Or, Jésus invita à manger sa chair et à boire son sang : « *Si vous ne mangez pas la chair du Fils de l'homme et ne buvez pas son sang, vous n'avez pas de vie en vous-mêmes. Celui qui se nourrit de ma chair et qui boit mon sang a la vie éternelle [...] ; car ma chair est vraie nourriture et mon sang est vraie boisson. Celui qui se nourrit de ma chair et qui boit mon sang reste en union avec moi.* » (Jean 6, 53-56) Cet épisode évangélique de saint Jean sur la réalité de l'Eucharistie est particulièrement fort. L'auditoire comprend parfaitement la portée du langage de Jésus, c'est pourquoi un choix s'opère entre ceux qui font confiance à Jésus et ceux qui s'écartent de lui. Boire le sang sacrificiel du Christ constituait une rupture difficilement tolérable pour les juifs. Par ce geste, Jésus provoque et choque, et se voit rejeté y compris par une partie de ses disciples.

Saint Matthieu parle du pardon des péchés en lien avec ce repas sacré. Quant à saint Luc, il indique que ce repas hors normes du Seigneur se doit d'être réitéré, renouvelé comme un mémorial : tel est le sens de la célébration de la messe et de l'eucharistie. Luc parle aussi d'une « coupe de la nouvelle alliance ».

Lors de ce même repas, Jésus prophétise son triple reniement par Pierre. Quand il annonce que tous vont l'abandonner, Pierre assène avec force que lui sera toujours fidèle. Jésus prédit alors qu'il le reniera trois fois. Ce à quoi Pierre répond : « *Si tous viennent à tomber à cause de toi, moi, je ne tomberai jamais.* » (Matthieu 26, 33) Benoît XVI voit dans la démarche de Pierre la tentation d'obtenir le succès sans la croix, une constante qui traverse l'humanité. Le premier pape de l'Église a eu cette fragilité avant de se laisser relever par l'amour de Jésus : voilà une source précieuse de méditation. Par ses gestes au repas de la Cène, Jésus provoque et choque l'assemblée. Il vient bouleverser nos vies jusque dans ses actes.

Fresque de l'abbaye royale Notre-Dame de Fontevraud (Thomas Pot, 1563).

Le lavement des pieds

C'est seulement à partir du VIIe siècle que le rite du lavement des pieds fut officiellement introduit dans les cathédrales le Jeudi saint. À cette époque, il était prévu que le pape lave les pieds des gens de sa cour et que chaque clerc fasse de même chez lui. Dans le rite byzantin, depuis le VIIIe siècle au moins, le supérieur de chaque communauté lave les pieds de douze frères, dont l'économe et le portier, représentants Judas et saint Pierre bien sûr. En 694, le concile de Tolède s'éleva contre les prêtres négligents qui omettaient de laver les pieds de leurs frères le Jeudi saint. Le concile enjoignit à tous les évêques d'Espagne et de Gaule de laver les pieds de leurs sujets, sous peine d'une excommunication de deux mois ! Les détails de la cérémonie ont beaucoup évolué au fil du temps. En certains endroits, on lavait les pieds de cent pauvres voire davantage, on leur donnait une aumône et on leur offrait à dîner.

On procède toujours, dans les églises, à ce rite du lavement des pieds. Expression d'humilité, il rappelle le geste que Jésus fit lui-même à ses douze apôtres. Le lavement des pieds était autrefois appelé *mandatum*, mot latin qui signifie « commandement », car il s'agit du commandement du Seigneur de se laver les pieds mutuellement, pour se faire les serviteurs les uns des autres. Le cérémonial prévoyait que le prêtre officiant lavait le pied droit à douze pauvres. Il prévoyait aussi le don d'aumônes et de cadeaux. De nos jours encore, le prêtre officiant s'agenouille et lave les pieds de douze fidèles, les essuie et les embrasse.

« Geste révolutionnaire, le lavement des pieds exprime le don de Jésus et sa pureté. »

FOI

ENTRER EN COMMUNION AVEC DIEU

Pour entrer en communion avec Dieu, l'homme doit être pur. Mais comment le cœur humain peut-il devenir pur ? Et la pureté visée est-elle de nature rituelle ou morale ? Elle ne saurait en tout cas être réduite à la question de la sexualité. C'est bien la foi qui purifie le cœur et conduit à la vérité qu'est Jésus. Pour être purifié, l'homme doit être immergé en Lui, l'amour de Jésus opérant tel un bain purificateur. Or, la pureté rituelle n'a pas été simplement remplacée par la pureté morale, mais par le don de la rencontre avec Dieu en Jésus-Christ. La pureté est bien un don de Jésus symbolisé par le lavement des pieds, qui nous ouvre à la dynamique d'une existence nouvelle.

Jésus parle d'un commandement nouveau. Il ne faut pas entendre ce mot de « nouveau » comme l'idée de s'élever au-dessus de la médiocrité supposée des Dix Commandements, ce qui réduirait le christianisme à un effort moral extrême. L'essentiel, selon Benoît XVI, ne réside pas dans un agir plus grand, mais dans le fondement nouveau de l'être qui nous est donné. À la prétention de l'extrême se substitue la préparation du cœur : là est le vrai lavement des pieds. « *Ce n'est plus moi qui vis, mais le Christ qui vit en moi.* » (Galates 2, 20).

Ce geste révolutionnaire du lavement des pieds nous place face à deux attitudes : celle de Judas et celle de Pierre. Avec Judas, nous nous trouvons face au danger de la trahison, qui menace ceux-là mêmes qui ont rencontré le Seigneur et ont été lavés par Lui. Judas ne parvient plus à croire au pardon. Il porte un regard destructeur sur lui-même, il a perdu la certitude de l'espérance et ne voit que sa propre misère, il nous fait donc découvrir une forme erronée du repentir. Quant à Pierre, lui ne veut pas se laisser laver les pieds. « *Non, tu ne me laveras pas les pieds, jamais* ! » (Jean 13, 8). Il incarne ainsi l'humanité qui refuse de voir en Jésus autre chose qu'un vainqueur. Même si l'humilité de Jésus peut lui paraître insupportable, Pierre doit apprendre à ne pas dicter à Dieu sa conduite.

Benoît XVI note enfin un passage énigmatique dans le lavement des pieds avec cette parole de Jésus : « *Qui s'est baigné n'a pas besoin de se laver ; il est pur tout entier.* » (Jean 13, 10). Il conclut que le bain complet renvoie au baptême, bien que les baptisés demeurent pécheurs et qu'ils aient toujours besoin d'être purifiés.

Pour que la faute ne suppure pas dans l'ombre, l'âme a besoin de la confession, sur laquelle nous éclaire Benoît XVI : « Dans la confession, le Seigneur lave sans cesse de nouveau nos pieds sales et il nous prépare à la communion conviviale avec Lui. »

LE LAVEMENT DES PIEDS DE FEMMES DÉTENUES

Le missel conseille de choisir douze hommes incarnant les douze apôtres. Depuis janvier 2016, le pape François, par décret, a donné la possibilité de choisir des femmes pour cette cérémonie. Il a souvent célébré le Jeudi saint pour des détenus, des réfugiés, des malades ou des jeunes en détresse. En 2023 et 2024, il a procédé, agenouillé, au lavement des pieds de douze femmes détenues, avant de les essuyer et de les embrasser.

« J'étais prisonnier et vous m'avez visité. »
Matthieu 25, 36.

« Le Seigneur ne reste pas en dehors des prisons mais il est à l'intérieur. »
Pape François.

À l'issue de la messe du Jeudi saint, le Saint-Sacrement est déposé au reposoir. Le prêtre aura pensé à consacrer des hosties pour le Vendredi saint. L'adoration est encouragée, avec l'idée de rester avec le Seigneur. La cérémonie s'achève par le dépouillement de l'autel.

L'Agonie du Christ

Le reposoir est un lieu autre que l'autel de la nef centrale. Jésus est comme mis de côté. Nous entrons dans l'heure des ténèbres. La joie de l'institution de l'Eucharistie demeure, mais vient aussi l'heure de la croix et de l'entrée dans l'agonie de Jésus.

« *Ils parviennent à un domaine du nom de Gethsémani, et il dit à ses disciples : « Restez ici tandis que je prierai* ». » (Marc 14, 32). L'agonie se déroule au Jardin des Oliviers. Benoît XVI y voit un parallèle avec la scène du péché originel au jardin d'Éden. Le jardin sera le triple lieu de la trahison, de l'acceptation de la volonté du Père, et de la Résurrection.

À présent seul, Jésus prie et commence à ressentir « *effroi et angoisse* » : « *Mon âme est triste jusqu'à la mort ; demeurez ici et veillez.* » (Marc 14, 33). Les disciples s'endorment. Benoît XVI décrit la « *somnolence* » des disciples comme « *un engourdissement de l'âme qui ne se laisse pas émouvoir par le pouvoir du mal dans le monde, par toute l'injustice et toute la souffrance qui dévastent la terre.* » Cette somnolence est une forme d'insensibilité qui confère au Malin un pouvoir sur le monde. Jésus dit alors à ses disciples : « *Mon âme est triste à en mourir* » (Matthieu 26, 38), rappelant le psaume 43, verset 5 : « *Mon âme, pourquoi t'abats-tu, et pourquoi frémis-tu au-dedans de moi* ? ». Car en réalité, les paroles des psaumes sont toutes personnelles à Jésus, véritable priant des psaumes.

« Il prit de même la coupe, après le souper, et la leur donna, en disant : Cette coupe est la nouvelle alliance en mon sang, qui est répandu pour vous. »

Luc 22, 20.

Le Jardin des Oliviers

Le Jardin des Oliviers est à appréhender comme un lieu spirituel possible pour les personnes souffrant de maladies psychiques, de fragilités intérieures et d'autres pathologies invisibles. Aux portes de la mort, Jésus y est avec elles.

Jésus fait là une expérience primordiale de l'épouvante, qui va jusqu'à la sueur de sang (Luc 22, 24). Le mot *tetaraktai* exprime le caractère abyssal de sa peur, le trouble de celui qui est la Vie face au pouvoir du mal, face à tout ce qui s'oppose à Dieu. Il pousse l'expérience au point de se « faire péché » lui-même : « *Celui qui n'a point connu le péché, il l'a fait devenir péché pour nous, afin que nous devenions en lui justice de Dieu.* » (2 Corinthiens 5, 21)

Parce qu'Il est Dieu, Il voit avec clarté l'atrocité du mal qui œuvre continuellement à détruire la vie. Parce qu'il est Dieu incarné, Il éprouve l'horreur et la souffrance qui lui sont infligées. Et son angoisse va au-delà de la simple peur de la mort : Il y décèle avec clairvoyance l'affrontement entre la lumière et les ténèbres, entre la vie et la mort. C'est au fond tout le drame de l'histoire humaine et le dilemme de chacune de nos vies. Pascal nous invite à vivre l'événement personnellement : « *Ces gouttes de sang, je les ai versées pour toi.* » (Pensées, VII 553).

Homme et Dieu à la fois

« Abba, *Père, si tu le veux...* » Jésus emploie le mot *abba*, père. Une parole très familière, intime aussi, qui nous dévoile la relation de Jésus à son Père. Jésus est une personne mais il a deux natures : divine et humaine ; Il est vrai Dieu, et vrai homme. Le concile de Chalcédoine, en 415, sut le premier formuler l'union de la divinité et de l'humanité en Jésus-Christ.

Jésus prie face contre terre, dans une position qui illustre sa soumission absolue à la volonté de Dieu. Et dans son obéissance, il attire l'humanité. Il prie afin que « *s'il est possible, cette heure passe loin de lui.* » Puis il prononce ces mots essentiels : « *Père, si tu le veux, éloigne de moi cette coupe. Toutefois, non pas ce que je veux, mais ce que tu veux.* » (Matthieu 26, 39)

Sa prière exprime le combat de deux volontés : la volonté humaine qui refuse la destruction, et celle du Fils qui s'abandonne entièrement à celle du Père. Il porte en lui toute la résistance de la nature humaine à la volonté de Dieu. « *Non pas ma volonté, mais la tienne.* » (Luc 22, 42) L'agonie est le lieu où l'on scrute le mystère intérieur de Jésus. *In fine*, la volonté humaine est entraînée dans l'obéissance du Fils.

Nous sommes ici à un paroxysme dramatique du mystère du Rédempteur. Frappé par le bouleversement de la mort imminente, Jésus fait l'expérience de la solitude ultime. Le péché et le mal pénètrent dans les profondeurs de son âme.

Les disciples l'abandonnent. Judas le livre aux ennemis et l'embrasse dans un baiser qui est le signe même de sa trahison *(représenté sur la fresque ci-contre)*. Quant à Pierre, il souhaite empêcher que Jésus soit emmené, et tranche l'oreille d'un serviteur pour le défendre. Jésus le reprend et guérit le serviteur.

Enseignement

Adorer au reposoir pendant la nuit du Jeudi saint au Vendredi saint, c'est passer du temps avec Jésus au Jardin des Oliviers. C'est donner de son sommeil pour être avec Lui, disciple avec les disciples.

Fresque de l'église de Toutes-les-Nations, également connue sous le nom de basilique de l'Agonie, située sur le mont des Oliviers à Jérusalem-Est, à côté du jardin de Gethsémani. Elle abrite une partie du rocher où Jésus aurait prié avant son arrestation.

FOI

LA VEILLÉE DE L'« HEURE SAINTE »

Tout au long de l'année, l'« Heure Sainte » consiste à passer, dans la nuit du jeudi au vendredi, une heure uni(e) à Jésus, dans l'attente de Son agonie au Jardin des Oliviers. L'Heure sainte peut se pratiquer chez soi ou à l'église.

Le Vendredi saint

Le Vendredi saint porte aussi le nom grec de *Parasceve*, jour de préparation du shabbat. Il commémore les événements des dernières heures de la vie de Jésus : comparution devant Pilate, condamnation à mort, flagellation, couronnement d'épines, portement de croix et crucifixion (vers midi), mort (vers 15 heures), déposition de la croix et sépulture.

La cérémonie se déroule en fin d'après-midi, en suivant quatre étapes : lecture de la Passion selon saint Jean, grande prière universelle, adoration de la croix et communion eucharistique.

Le procès du Christ

Les Évangiles distinguent trois étapes qui conduisent à la condamnation à mort de Jésus : la réunion dans la maison de Caïphe ; l'interrogatoire devant le Sanhédrin (l'assemblée législative traditionnelle d'Israël) ; et le procès devant Ponce Pilate. Le procès de Jésus est relaté dans les Évangiles de Marc (chapitre 14), Matthieu (chapitres 26 et 27), Luc (chapitres 22 et 23) et Jean (chapitre 18). Comme pour l'ensemble de la Passion du Christ, le déroulement des événements donne lieu à un compte-rendu détaillé.

Jésus face au grand-prêtre Caïphe

L'évangéliste Jean met en avant l'enchevêtrement de deux réalités : d'un côté l'aveuglement égoïste de Caïphe, grand-prêtre du Temple, et de l'autre, l'exécution de la volonté de Dieu : « *Vous ne songez même pas qu'il est de votre intérêt qu'un seul homme meure pour le peuple et que la nation ne périsse pas tout entière.* » (Jean 11, 50) Une partie du Sanhédrin se montre réticente à l'idée d'une condamnation à mort.

L'arrestation de Jésus, chapelle Passos do Largo da Misericórdia, Guimarães, Portugal.

Enseignement

Le mystère de la fonction vicaire

Sans le savoir, Caïphe prophétise. Apparaît ici le mystère de la fonction vicaire, le contenu le plus profond de la mission de Jésus. L'étymologie du mot « vicaire » renvoie à la notion de suppléance, de remplacement. Jésus vient suppléer, pallier notre faiblesse. Il est intermédiaire parfait pour intercéder auprès du Père, et prendre sur Lui la conséquence de nos péchés. Benoît XVI souligne que cette fonction vicaire se retrouve dans toutes les religions, guidée par l'idée que pour rétablir la justice, le mal doit être expié. Autrefois, on sacrifiait des animaux. Moïse a lui aussi, avant Jésus, incarné une authentique image de cette fonction, son intercession ayant bouleversé le destin du peuple hébreu. Cette fonction est également représentée dans Isaïe, avec l'image du Serviteur de Dieu souffrant qui prenait sur lui la faute des multitudes (chapitre 53).

Deux étapes des dernières heures du Christ : « La moquerie du Christ » et « Pilate se lave les mains » (La Passion de notre Seigneur Jésus-Christ, vers 1480-1490).

Jésus face au Sanhédrin

Jésus est conduit dans le palais du grand-prêtre où le Sanhédrin est déjà réuni. Les accusations portées contre Lui sont théologiques. Or, le religieux et le politique sont à cette époque totalement imbriqués. Le Temple est la base de l'unité d'Israël. Les accusations sont donc aussi de nature politique, car la prétention messianique passe pour une revendication de royauté sur Israël. Tel est le motif principal de la condamnation. La mention « Roi d'Israël » (« *INRI* », c'est-à-dire « *Jesu Nazarei Rex Judaeorum* ») sera d'ailleurs inscrite sur la Croix.

Jésus accepte le titre de Messie, sans pour autant laisser de place à une lecture politique ou agressive de la mission du Messie. Pour le Sanhédrin, c'est un blasphème, une idée théologiquement inacceptable. Le Sanhédrin et ses serviteurs se moquent de Jésus et Le frappent, accomplissant à la lettre le destin du Serviteur souffrant : « *Et certains commencèrent à cracher sur lui, et à lui couvrir le visage et à le souffleter et à lui dire : "Prophétise !", et les valets lui donnèrent des gifles.* » (Marc 14, 65) À ce moment, Pierre renie une troisième fois et le coq chante une seconde fois. Jésus, emmené, croise son regard et Pierre pleure.

Un procès double mais légal

Le professeur José María Ribas Alba précise que le procès de Jésus fut en réalité double : il fut mené à la fois devant le Sanhédrin, juridiction juive suprême, et devant Ponce Pilate, préfet de Judée, selon une procédure dite *de cognitio extra ordinem* qui conférait à ce dernier le double rôle de magistrat et de juge. Pour autant, les chefs d'accusation des deux procès – respectivement blasphème pour les Juifs et lèse-majesté pour les Romains – n'étaient pas réellement distincts en ce temps.

Les motifs de la condamnation de Jésus

À l'époque de Jésus, le blasphème est puni par la peine de mort. Mais ce pouvoir étant réservé aux Romains, le procès est transféré à Ponce Pilate. Jésus est présenté comme un malfaiteur qui mérite la mort. Par crainte de se souiller, ses accusateurs n'entrent pas dans le bâtiment. Ce détail montre un paradoxe entre le désir de la pureté rituelle et la condamnation d'un innocent. Les responsables de la condamnation divergent selon les Évangiles : dans celui de Jean, c'est l'aristocratie du Temple qui condamne ; dans celui de Marc, ce sont les sympathisants de Barabbas.

Jésus face à Pilate

Le Sanhédrin présente Jésus à Pilate. L'accusation selon laquelle Il s'est présenté comme le roi des Juifs est grave. Elle laisse à penser à un rebelle susceptible de menacer la paix romaine. Pour cela, il mériterait la mort. Jésus revendique la royauté et le règne, mais son royaume est original : « *Mon royaume n'est pas de ce monde.* » Il qualifie l'essence de sa royauté par le témoignage de la Vérité. Cette idée interroge Pilate, car rendre témoignage à la Vérité signifie mettre Dieu au premier plan face au monde et face à sa propre puissance.

Au fond, Pilate sait que Jésus n'est pas un agitateur politique, et que rien de sérieux ne peut être retenu contre Lui (Jean 18, 34). Seulement il a peur : l'Évangile le dit effrayé. On le menace, lui et sa carrière : « *Si tu le relâches, tu n'es pas ami de César* » (Jean 19, 12). Pilate propose à la foule de choisir entre Barabbas, figure de résistant et terroriste, et Jésus. La foule choisit Barrabas. Une alternative similaire demeure pour nous aussi : que choisissons-nous ? La violence, ou bien Dieu qui n'agit que par la force de la vérité et de l'amour ?

Flagellation et couronnement d'épines

Pilate fait alors flageller Jésus. Cette punition de droit romain précède la condamnation à mort, et sa violence explique la mort rapide de Jésus sur la Croix, comme d'autres condamnés avant Lui.

La flagellation romaine était une procédure préalable à toute exécution. Seuls en étaient exemptés les femmes, les sénateurs et les soldats (sauf en cas de désertion). Les condamnés à la crucifixion étaient fouettés une vingtaine de fois dans le but de les affaiblir. Dans le cas de Jésus, pas moins de cent-vingt impacts seront observés (soit plus de soixante coups de fouet), principalement sur les épaules, le dos et les jambes. Le fouet est un *flagrum taxilatum*, constitué d'un court manche en bois de 60 cm de long, prolongé aux extrémités soit par deux lanières de cuir munies, soit par de petits osselets d'astragale de mouton, soit par de petites billes métalliques reliées par une barre transversale ressemblant à de petits haltères. Sur le linceul de Turin, les taches de sang au niveau de la face postérieure du tronc ont effectivement cette forme d'haltères.

Jésus fait l'objet d'humiliations. Les soldats déposent une couronne d'épines sur Sa tête. Ils moquent et caricaturent celui qui se prétendait roi. Pilate le présente à la foule : « *Voici l'homme* » (Jean 19, 5). En Jésus se retrouve tous ceux qui sont frappés et anéantis. Mais l'homme humilié reste l'image de Dieu : sa dignité profonde ne peut lui être enlevée.

« Flagellé, crucifié, humilié, Jésus, dans toute son humilité, endosse le sort de tous les opprimés et tous les hommes souffrants. »

« Et moi je suis un ver, pas un homme, raillé par les gens, rejeté par le peuple. »
Psaume 21 (22), verset 7.

Alors Jésus est chargé de sa croix et monte jusqu'au mont Golgotha. Sur le trajet, Il est aidé de Simon de Cyrène. Après avoir initialement hésité, cet homme devient le symbole de toutes les âmes qui acceptent de marcher avec Jésus et de porter la croix avec Lui. Un homme attachant dans sa générosité.

LE CHEMIN DE CROIX

Afin que les chrétiens puissent accompagner le Christ sur son chemin de croix, les franciscains répandent la tradition du chemin de croix au XIVe siècle.

De nos jours, il se déroule soit dans l'église, soit à l'extérieur suivant un itinéraire balisé de stations. À Rome, le pape préside un chemin de croix aux abords du Colisée. Ailleurs, on peut assister à des mises en scène représentant tous les acteurs de la Passion. En Corse ou aux Philippines, par exemple, les catholiques mettent en scène des Passions très réalistes, voire sanglantes. Le chemin de croix se termine souvent par une longue et émouvante homélie, sur le thème de la Passion.

Ce n'est qu'à la fin du XVIIe siècle que les 14 stations furent fixées comme elles le sont aujourd'hui. Une grande place est laissée à la méditation personnelle sur le *mysterium crucis*. Car l'exercice du chemin de croix consiste à visiter les 14 stations de manière ininterrompue, en méditant sur la Passion du Sauveur.

Vitrail de la cathédrale de Strasbourg, XIVe siècle.

Le roi de France Louis IX reçoit la couronne d'épines lors d'une croisade, vers 1250 (extrait des Chroniques de Saint-Denis, XIVe siècle).

La crucifixion

Jésus est dépouillé de ses vêtements puis cloué sur le bois. Pendant le partage des vêtements du Christ, l'évangéliste Jean cite cette parole tirée du psaume : « *Ils se sont partagé mes habits, et mon vêtement, ils l'ont tiré au sort* » (19, 24). Les commentateurs ont par ailleurs noté que cette tunique était sans couture, image de l'unité de l'église.

Enseignement

Le pardon du Seigneur

Sur la croix, Jésus prononce la parole suivante : « *Père, pardonne-leur, ils ne savent pas ce qu'ils font* » (Luc 23, 34). Dans cette parole du Christ en Croix est révélée la miséricorde pour ceux qui agissent mal sans savoir. L'ignorance permet le pardon par le Seigneur, qui la voit comme une porte qui peut nous ouvrir à la conversion.

> *« Nous savons et nous ne savons pas ce que nous faisons quand nous péchons. Nous savons que nous faisons mal, que nous brisons une pureté en nous, que nous trahissons une fidélité, une liberté, une grandeur. Mais nous ne savons pas le fond de ce mal, l'irréparable qu'il apporte avec lui, quelle liberté, quelle pureté, quelle grandeur il ravage en nous. Plus tard, on voudra tant que telle chose n'ait jamais eu lieu. Surtout, nous mesurons mal la blessure, l'affront, l'offense qu'il fait à Dieu, au Dieu Amour. »*
> Charles Journet, *Les sept paroles du Christ en croix.*

Aux côtés de Jésus sont crucifiés deux autres hommes, qualifiés de brigands. L'un d'eux saisit que Jésus n'était pas comme eux. « *Jésus, souviens-toi de moi, lorsque tu viendras avec ton royaume* » (Luc 23, 42) Cet homme, appelé « le bon larron », a compris que Jésus était le roi véritable. Il est le symbole de tous ceux qui jusqu'au bout se tournent vers lui avec confiance et ce, quelles que soient leurs vies passées. Jésus lui répond : « *Aujourd'hui tu seras avec moi dans le paradis* » (Luc 23, 43). Il apporte à cette confiance une réponse : le paradis, qui est d'être avec Jésus. Jusqu'au dernier instant, la miséricorde de Dieu peut nous rejoindre. Quels que soient les péchés du passé, la prière qui implore la bonté de Dieu est toujours féconde.

> *« Et je proclame ton nom devant mes frères, je te loue en pleine assemblée. »*
> Psaume 21, 23.

À la neuvième heure, Jésus crie : « *Mon Dieu, mon Dieu, pourquoi m'as-tu abandonné* ? » (Matthieu 27, 46) Cette prière a soulevé bien des questionnements. Comment Jésus peut-il être abandonné ? Ce cri d'abandon est un cri messianique, car la Passion a été comme racontée à l'avance dans le psaume 21 (22), grand psaume d'Israël souffrant. Les références à ce psaume hantent tout le récit : « *Mon Dieu, mon Dieu pourquoi m'as-tu abandonné ? Le salut est loin de moi, loin des mots que je rugis.* » (psaume 21, verset 2).

Jésus a aussi ce cri : « J'ai soif » (Jean 19, 28). On lui offre du vin acidulé, très populaire. Ici s'applique la parole du psaume 69 : « *Dans ma soif, il m'abreuvait de vinaigre.* » Ce cri reste pour beaucoup d'une portée spirituelle. Comment satisfaire la soif de Jésus ? Comment y répondre ? Que lui donner à boire ? Sainte Mère Teresa fit inscrire dans toutes les chapelles de sa congrégation ce « *J'ai soif* », afin que ces quelques mots soient un aiguillon spirituel pour offrir de l'amour à Jésus.

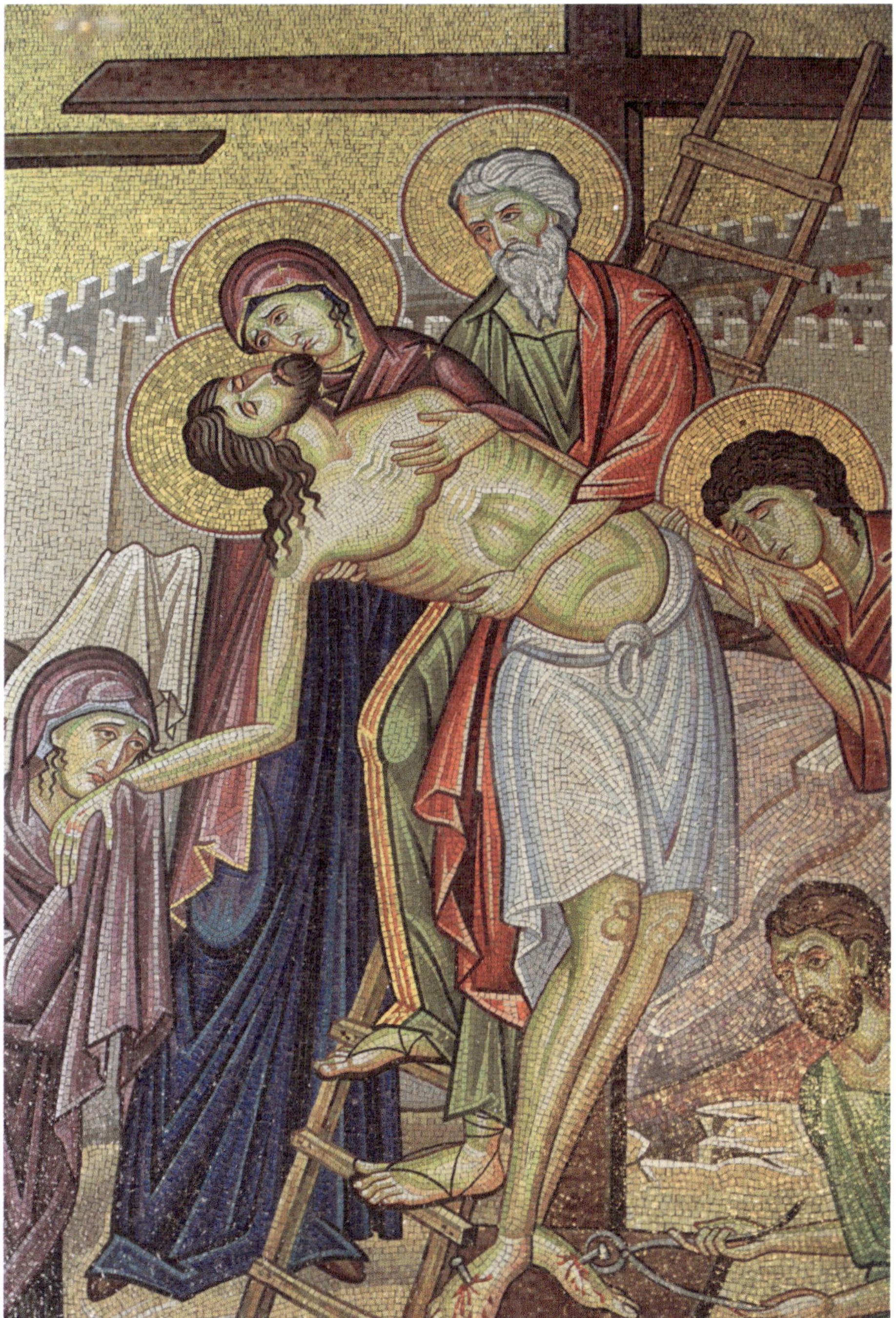

Détail d'une mosaïque de l'église du Saint-Sépulcre à Jérusalem.

> « *Ma vigueur a séché comme l'argile, ma langue colle à mon palais.* »
> Psaume 21, verset 16.

Autre fait marquant : la présence de Marie, mère de Jésus, au pied de la Croix, auprès du disciple aimé Jean : « Femme, voici ton fils. Voici ta mère. » « Dès cette heure-là le disciple l'accueillit chez lui." » (Jean 19, 26). Telle est la dernière volonté de Jésus : Il confie sa mère à la sollicitude du disciple. De nombreux spirituels ont vu dans cette scène un chemin à suivre, une vocation à accomplir : prendre Marie chez soi, vivre en elle et avec elle pour qu'elle nous façonne comme elle a façonné Jésus. Le frère polonais Saint Maximilien Kolbe (1894-1941) nous dit : « *Elle est notre mère la plus tendre, maintenant et toujours : dans la vie, dans la mort et l'Éternité* ».

> « *C'est toi qui m'as tiré du ventre de ma mère, qui m'as mis en sûreté entre ses bras.* »
> *Psaume 21, verset 10.*

La dernière prière de Jésus est la suivante : « *Père, en tes mains, je remets mon esprit* » (Luc 23, 46) et « *Tout est accompli* » (Jean 19, 30). Puis Jésus rend l'âme : « *[Il] dit : "Tout est accompli." Puis, inclinant la tête, il remit l'esprit* » (Jean 19, 30). Cet événement trouve une répercussion cosmique : le soleil s'obscurcit, le voile du temple se déchire, la terre tremble, les morts ressuscitent. Dans un acte de foi notoire, le centurion reconnaît que Jésus était fils de Dieu.

> « *Mon Dieu, j'appelle tout le jour et tu ne réponds pas ; même la nuit, je n'ai pas de repos.* »
> Psaume 21, 3

> « *Je suis comme l'eau qui se répand, tous mes membres se disloquent.* »
> *Psaume 21, 15.*

Le côté de Jésus est ouvert par la lance d'un soldat et, selon l'Écriture, il en sort aussitôt du sang et de l'eau. Tout au long des siècles, l'Église a contemplé ce cœur transpercé. Les pères de l'Église ont vu dans ce double flux de sang et d'eau une image des deux sacrements principaux : l'Eucharistie et le baptême. Face à Jésus inanimé sur la Croix, les Pères ont aussi pensé à la Genèse et Adam endormi. Ève est tirée de la côte d'Adam, comme l'Église est tirée du côté de Jésus. Ils y voient donc l'origine de l'Église.

Enseignement

Le Vendredi saint en quelques actions concrètes

- Aller assister à un office liturgique.
- Suivre le chemin de Croix.
- Jeûner selon nos forces,
car le Vendredi saint est l'un des deux jours où le jeûne
est obligatoire.

La Déposition de Croix, Pietro da Rimini, XIVᵉ siècle (musée du Louvre, Paris).

Enseignement

Le sang versé de Jésus

Comment comprendre la phrase « *que son sang soit sur nous et sur nos enfants* » (Matthieu 27, 25) ? Benoît XVI explique que le sang de Jésus n'exige ni vengeance, ni punition. Il est réconciliation. Il n'est pas versé contre quelqu'un, mais pour la multitude. Cela signifie que nous avons tous besoin de l'amour de Dieu, de son sang. Loin d'être une malédiction, c'est une rédemption.

La mise au tombeau

Enveloppé dans un linceul, Jésus est déposé dans un tombeau appartenant à un certain Joseph d'Arimathie. Nicodème apporte un mélange de myrrhe et d'aloès de 100 livres environ : une quantité extraordinaire qui peut être envisagée comme royale. Jésus est enseveli, conduit au sépulcre, ce qui atteste de sa mort véritable.

Pour tous les curieux avides de nourrir leur foi de recherches scientifiques, le suaire de Turin n'a de cesse d'interroger les chercheurs qui accumulent des indices de son authenticité.

Marie-Madeleine, détail de la mise au tombeau, basilique Saint-Jean-Baptiste à Chaumont (Haute-Marne).

Le Samedi saint et la Vigile pascale

En ce jour, aucune messe n'est célébrée. S'impose un silence spirituel empreint de tristesse et de gravité. L'atmosphère est au recueillement et à l'attente. Les chrétiens célèbrent ce jour-là la descente du Christ aux enfers, et la libération d'Adam et de tous ceux qui attendaient le Sauveur. Le silence est douloureux mais paisible, car empli d'espérance en Jésus qui avait prédit sa Résurrection. Cette espérance est l'âme de cette journée dont la Vierge Marie est la guide discrète.

Grands prêtres et pharisiens craignent que le corps de Jésus ne soit enlevé par des disciples pour faire croire à une Résurrection. Afin d'éviter un tel simulacre, ils font placer des gardes près du tombeau.

La réalité de la mort du Christ, de la séparation de l'âme et du corps, signifie que pendant le *Triduum mortis*, les jours de la mort avant la Résurrection, il n'est plus un homme vivant. L'unité de son humanité a été réellement interrompue ; le corps du Christ est sans vie : un cadavre.

Pourtant, le corps enseveli du Christ va nous sauver. Car malgré la séparation de l'âme et du corps, l'union de la chair du Christ au Verbe n'a pas été détruite. En raison de l'union hypostatique qui subsiste, et pour l'âme et pour le corps, Son corps façonné par l'Esprit Saint est demeuré numériquement le même, parce que incorrompu.

LA DESCENTE AUX ENFERS

Selon le Credo que nous récitons, le Christ est descendu aux enfers (au pluriel). De quoi s'agit-il ?

Il ne s'agit pas de l'enfer comme lieu de réprobation éternel. Les enfers sont en réalité le lieu où les justes et les patriarches de l'Ancienne Alliance ont attendu le Sauveur et l'accomplissement des promesses en lesquelles ils avaient cru dans la foi, l'espérance et la charité. Un lieu privé de la vision de Dieu, mais non dénué de la grâce. Un lieu sans souffrance aucune. Ce lieu ne s'entend pas au sens physique, mais il est à comprendre comme un état qui n'implique pas d'incompatibilité avec la sainteté absolue du Christ, puisque Lui-même y descend en son âme.

Aux saints patriarches qui se trouvaient retenus aux enfers en raison du péché originel, Jésus apporte la lumière de la gloire éternelle. Avant le Christ, le Salut n'était pas accompli ; avec lui, il est accompli et tous les hommes, y compris ceux de l'Ancien Testament, sont sauvés par la foi.

Quand saint Thomas précise que le Christ y est descendu « *par son âme* », il signifie qu'Il était animé d'une présence spirituelle totale, absolue, la personne divine demeurant unie à son corps mort et déposé au tombeau.

L'ACCOMPLISSEMENT DE L'ANNONCE ÉVANGÉLIQUE

« *Jésus a connu la mort comme tous les hommes et les a rejoints par son âme au séjour des morts. Mais il est descendu en Sauveur, proclamant la bonne nouvelle aux esprits qui étaient détenus.* » CEC n° 632.

En descendant aux enfers, Jésus délivre tous ceux qui, jusque-là exclus de la gloire, le prix de la rédemption n'ayant pas encore été versé, sont morts avant Sa venue. La descente aux enfers est l'accomplissement, jusqu'à la plénitude, de l'annonce évangélique du Salut. Elle est la phase ultime de la mission messianique de Jésus.

« *Nous ne pouvons pas être unis à Dieu à moins de choisir librement de l'aimer. Mais nous ne pouvons pas aimer Dieu si nous péchons gravement contre Lui, contre notre prochain ou contre nous-même. [...] Mourir en péché mortel sans s'en être repenti et sans accueillir l'amour miséricordieux de Dieu, signifie demeurer séparé de Lui pour toujours par notre propre choix libre. Et c'est cet état d'auto-exclusion définitive de la communion avec les bienheureux qu'on désigne par le mot "enfer".* »
CEC n° 1033

Le Christ et Satan, par José Ribera (vers 1611).

FOI

LA CONFESSION

Le Samedi saint, de nombreuses personnes ont l'habitude de se confesser afin de préparer leurs âmes à la fête de Pâques en se réconciliant avec Dieu. Comment se confesser ? Il faut tout d'abord prendre rendez-vous avec un prêtre, car seuls les prêtres ont reçu de Jésus le pouvoir de confesser les péchés. Il est bon de savoir que le prêtre est tenu à un secret absolu pour ce qu'il entend en confession.

La confession consiste à exprimer, dire, avouer ses péchés, c'est-à-dire tout ce qui pèse sur la conscience. Il est bon de réfléchir en amont à ce qui fait obstacle à la relation entre Dieu et nous, et aux personnes à qui nous devons demander pardon.

La confession n'est pas un acte de magie. Elle nécessite le regret. Demander pardon sans regretter est vain, comme nous pouvons en faire l'expérience dans les rapports humains. L'âme de la confession, c'est le regret de ses péchés, le regret d'avoir offensé Dieu.

Au terme de la confession, le prêtre, après une exhortation, nous donne l'absolution, c'est-à-dire le pardon de Dieu pour nos péchés. C'est l'élément objectif, ce pour quoi nous sommes venus : la guérison donnée par la voix de Jésus.

Enfin, nous accomplissons la pénitence que le prêtre nous a donnée. Il s'agit le plus souvent d'une prière à dire, parfois d'un acte à poser. Enfin, nous remercions Dieu pour ce cadeau infini qu'Il nous a fait : le pardon de nos péchés.

Le pape François en confession au moment de Pâques.

Dôme de l'église Saint-François-Xavier à Paris.

La liturgie de la Vigile pascale

La fête de Pâque est d'origine juive, une ascendance qui mérite que l'on s'y attarde quelques instants. Le mot vient de l'hébreu Pessah, qui signifie « passage au-dessus ». Les Hébreux célébraient la naissance des animaux et les premières récoltes, mais surtout, leur libération de la servitude imposée par l'Égypte et, en marche vers la terre promise, le franchissement (« passage ») de la mer Rouge. La Pessah, la Pâque juive, célèbre aussi la dixième et dernière des dix plaies d'Égypte : la mort des premiers-nés, hommes et bétail égyptiens, tandis que Dieu préserve le peuple élu, épargnant les familles aux portes marquées d'un tau avec le sang de l'agneau. C'est donc une fête de l'indépendance qui est célébrée chaque année. Elle honore l'intervention de Dieu dans l'existence, dans la destinée même, du peuple hébreu. Pour les juifs, elle suppose un pèlerinage annuel à Jérusalem et un repas rituel lors duquel on mange un agneau.

Du fait de son importance et de son écho avec Noël, la célébration de Pâques pourrait nous rappeler la messe de Minuit, pourtant l'atmosphère est tout autre. L'imaginaire est bien moins festif qu'à Noël, ce qui explique que l'événement soit loin d'avoir la popularité de la fête dite des enfants.

À l'issue de la Semaine sainte, les chrétiens tout juste sortis du Carême sont généralement heureux d'arriver au terme de ce temps de pénitence. Ils ont revécu la Passion en union avec le Seigneur, traversé ces derniers jours dans une forme de tension spirituelle qui voit ce soir son achèvement. Tandis que nous fêtions à Noël l'arrivée d'un enfant, nous sortons aujourd'hui du drame et de la violence de la crucifixion. Ici nulle légèreté de la naissance : devant le martyr et la mort du crucifié, l'attitude est à la gravité, avant de laisser place à la joie de la Résurrection.

Au cours de cette veillée pascale, l'Église propose toute une série de lectures qui rappellent les étapes essentielles de l'histoire du Salut, depuis la Création jusqu'à l'Illumination. La liturgie et la célébration de la Vigile pascale ont évolué au cours des siècles. Quand les baptêmes d'adultes se sont faits rares, cette veillée fut souvent désertée par le peuple chrétien. Au VIIe siècle, la liturgie commençait à 14 heures pour s'achever à la tombée de la nuit. La célébration s'est ensuite faite dans la matinée du samedi. Les chrétiens assistaient plus volontiers aux matines du dimanche de Pâques qu'à cette veillée anticipée. Dans de nombreuses régions du monde, les matines s'achevaient par des processions en mémoire des saintes femmes se rendant au tombeau. Plus récemment, Pie XII réforma la Semaine sainte. En 1951, il autorisa la célébration de la Vigile pascale de nuit, et en 1955, la rendit obligatoire.

De nos jours, la célébration de la Vigile pascale suit la structure suivante :

- la bénédiction du feu nouveau ;
- la préparation et allumage du cierge pascal ;
- la procession du Lumen Christi ;
- le chant de l'Exultet ;
- la liturgie de la Parole incluant de multiples lectures ;
- puis, au cœur de la liturgie eucharistique, la liturgie baptismale qui comprend : la bénédiction de l'eau baptismale, la profession de foi baptismale par tous, et le baptême des adultes.

> « Le feu nouveau surgit de l'obscurité de la nuit pascale. Après les ténèbres de la mort se déploie la flamme de la vie éternelle. »

La bénédiction du feu nouveau

Pour allumer le cierge pascal qui sera ensuite béni, on allume un feu tiré de la pierre (symbole du Christ ressuscité du sépulcre creusé dans le roc), feu qui a déjà reçu une première bénédiction. Il surgit dans l'obscurité de la nuit pascale. Tout un symbole.

Tous ceux qui ont assisté à une veillée pascale savent l'atmosphère qui parcourt une assemblée réunie autour du feu de bois. Le moment est vivant, chaleureux, convivial, fraternel, et même un peu ludique. L'assemblée observe avec un sourire attendri le servant de messe qui tente d'extirper du feu des charbons pour l'encensoir, en retire une flamme pour le cierge, tout en conservant dans cette entreprise délicate la dignité de la célébration. Si le vent ou la pluie sont de la partie, cela ajoute à la complexité de l'opération et à un certain amusement de la foule. Dans le mélange de sacralité et de joie de l'instant, ce regard est tout à fait humain et très chrétien.

Le cierge pascal et l'Exultet

Pendant ce temps-là, le diacre porte l'énorme cierge pascal. Par la triple matière qui le compose (cire, mèche et flamme), ce cierge pascal figure le Christ dans lequel se trouvent unis l'âme, le corps et la divinité. Pour le liturgiste franc Amalaire, il désigne l'humanité du Christ. Lorsqu'il est béni et illuminé, alors c'est l'humanité du Christ qui est illuminée par sa divinité. Et donc, puisqu'il représente le Christ, il précède naturellement le célébrant dans la fonction liturgique.

Le feu est porté en procession jusqu'à l'intérieur de l'église. Par trois fois, à l'entrée, au centre et dans le sanctuaire, le diacre chante *Lumen Christi*, ce à quoi l'assemblée agenouillée répond : « *Deo gratias* ». Puis la plongée du cierge pascal dans l'eau représente la descente du Christ dans le Jourdain. Cinq grains d'encens sont fixés dans le cierge en symbole des cinq plaies du Christ.

Le diacre chante le très beau, très solennel et très long chant de l'Exultet (ou Exsultet), tout aussi sublime pour ceux qui écoutent qu'exigeant pour celui qui chante, épuisé par le Carême et ces derniers jours de Semaine sainte. L'Exultet est le premier mot de l'éloge du cierge pascal chanté par le diacre lors de cette Vigile pascale.

L'Exultet a pour origine une prière juive : « *Béni sois-tu Seigneur notre Dieu Roi éternel, ô toi qui créas les lampes de feu.* » Son auteur serait très probablement saint Ambroise. Même si son style a des allures de consécration, il s'agit non pas d'une bénédiction, mais d'une louange. En Orient, c'est à partir du IIIe siècle que l'on commença à chanter une *Laus cerei*, louange du cierge. Finalement assez libre, cet éloge du cierge pascal comportait néanmoins obligatoirement un éloge de l'abeille, cet insecte travailleur qui nous fait don de sa cire. Le pape Innocent III supprima l'éloge de l'abeille, et réintroduisit le célèbre « O *felix culpa* » (« Ô heureuse faute ») qui avait été supprimé pour des raisons théologiques.

Tout au long du chant de l'Exultet, aux côtés du diacre, un thuriféraire balance un encensoir fumant, symbole de la prière qui s'élève vers Dieu. Le cierge demeure sur son candélabre la nuit entière, et brille jusqu'au matin, heure de la Résurrection.

La bénédiction de l'eau baptismale et la commixtion

Après l'Exultet et les lectures, le prêtre bénit les eaux qui serviront pour les baptêmes de l'année. L'essentiel de la formule romaine est fixé au VIIe siècle dans le sacramentaire gélasien. La liturgie prévoit deux oraisons. La plongée du cierge pascal dans l'eau est très anciennement attestée à Rome. Elle correspond à la sanctification par le feu, c'est-à-dire par l'Esprit Saint. L'infusion du saint chrême en faisant le signe de croix, en revanche, n'est pas primitive. L'emploi de l'huile des catéchumènes ne fut introduit dans le missel romain qu'au XVIe siècle par le pape Pie V. Signalons autrefois l'emploi fréquent de l'eau baptismale, au pouvoir de guérison pour les malades. Ce geste est attesté par saint Augustin et saint Jean-Chrysostome. Pour l'infusion des saintes huiles, on utilise des huiles qui ont été bénites par l'évêque le Jeudi saint, lors de la messe chrismale.

Le prêtre ou le célébrant divise l'eau en forme de croix. De la main droite, il jette de l'eau dans quatre directions, vers les quatre parties du monde. Il souffle trois fois dessus. Il enfonce le cierge pascal dans l'eau à trois reprises, plus profondément à chaque fois, pendant qu'est invoquée la venue de l'Esprit Saint. Sans retirer le cierge de l'eau, il s'en approche pour souffler à nouveau trois fois dessus, afin de rendre cette eau féconde dans un rituel symbolique.

Puis le cierge est finalement extrait de l'eau. Avec cette eau, l'assemblée est aspergée. Dans le rite lyonnais, le clergé doit même en boire. Les bénitiers, aussi, sont remplis d'eau bénie. Le célébrant verse, à trois reprises et toujours en faisant le signe de croix, de l'huile des catéchumènes dans l'eau baptismale, en souhaitant que par cette huile, l'eau devienne sainte et féconde. Il en fait de même avec le saint chrême.

Enfin, il verse en même temps les deux huiles (huiles des catéchumènes et saint chrême) dans l'eau baptismale, mêlant l'eau et les saintes huiles : c'est la commixtion (de *commisceo*, « action de mêler, de mélanger »).

LE BAPTÊME LORS DE LA VIGILE PASCALE

La veillée pascale est le paroxysme de toute la liturgie chrétienne. Or, à la Résurrection du Christ est associé le baptême, qui fait passer de la mort à la vie. Aussi le rituel de l'initiation chrétienne des adultes prévoit-il à ce moment la célébration de sacrements : baptême et eucharistie.

La profession de foi baptismale

En vue du baptême, on se dirige à présent vers le baptistère. Avant de recevoir le baptême, le catéchumène doit manifester publiquement qu'il renonce au parti du démon, dans un triple renoncement en usage dans toute l'Église. Tourné vers l'Occident et la main étendue, le catéchumène renonce à Satan (à Milan, il crache même sur le diable). Puis, se tournant vers l'Orient, région de la lumière, il s'attache à Jésus-Christ.

FOI

LE TRIPLE RENONCEMENT DU CATÉCHUMÈNE

- Renoncez-vous à Satan ?
- J'y renonce.
- Renoncez-vous à toutes ses œuvres ?
- J'y renonce.
- Renoncez-vous à toutes ses séductions ?
- J'y renonce. »

Autrefois, les élus au baptême étaient dépouillés de leurs vêtements. Une nudité qui rappelait celle d'Adam et Ève, nos premiers parents. L'élu adoptait ainsi une position de nouvel Adam, nu sur la croix. Depuis le IVe siècle, partout dans le monde, les rituels majeurs du baptême demeurent inchangés, *a minima* dans leur symbolique. Mais l'important demeure : l'ablution est faite sur la tête du baptisé. Au sortir de la piscine, après l'infusion ou l'aspersion, le baptisé reçoit une onction d'huile parfumée du saint chrême.

Le baptême par l'eau

L'eau doit être appliquée par ablution, c'est-à-dire soit par immersion, soit par infusion, soit par aspersion.

L'immersion suppose que le corps entier soit plongé dans l'eau ; elle fait mémoire de l'expérience vécue par le Christ dans le Jourdain.

L'infusion est le fait de verser l'eau sur la tête de la personne qui reçoit le sacrement ; telle est la modalité la plus courante en Occident.

Quant à **l'aspersion**, elle consiste en un jet d'eau sur la personne, principalement pour raison de maladie contagieuse ; cette méthode est aujourd'hui interdite.

À partir du XIIe siècle, l'Église latine abandonna progressivement le rite de l'immersion. Au XIVe siècle, elle autorisa l'infusion au même titre que l'immersion. Notons que le vocabulaire courant utilise indistinctement les termes « aspersion » et « infusion ».

La collation du baptême supposait des lieux suffisamment vastes pour pouvoir accueillir lors de grandes cérémonies la foule des baptisés, et comportant des piscines *ad hoc*. On a appelé ces bassins « baptistères » (ou « lieux d'illumination » chez les Grecs), car ils sont dédiés à saint Jean le Baptiste, en mémoire de celui qui donna le premier baptême : celui du Christ.

Dans tous les cas, le prêtre ou le diacre prononce au moment de procéder au baptême les paroles suivantes : « X, je te baptise au nom du Père, et du Fils, et du Saint-Esprit ».

« Le futur baptisé renonce au Mal pour s'attacher au Christ. »

« Et le sanctuaire
de Dieu dans le ciel fût
ouvert, et l'arche de son
alliance apparut dans
son sanctuaire. »

Apocalypse 11, 19.

Le vêtement blanc

Symbole de l'innocence et de la pureté baptismale, le port du vêtement blanc est très ancien, encore respecté de l'Orient à l'Occident. Il rappelle en particulier le linceul dont Jésus fut revêtu pour sa mise au tombeau, celui-là même que les femmes et les disciples retrouvèrent en retournant sur les lieux le jour de Pâques. Il évoque la Résurrection des corps promise à tous les baptisés. De nos jours, une fois le baptême reçu, le nouveau baptisé est ainsi revêtu d'un vêtement blanc, souvent une écharpe ou une étole.

À l'occasion d'un baptême, la famille de la personne baptisée offre aux invités des dragées présentées dans de petits sachets. Cette coutume est issue de la boisson à base de lait, de miel et d'amande pilée offerte aux néophytes comme fortifiant après leur jeûne du Carême.

Enseignement

Le rôle des parrains et marraines

« Pour que la grâce baptismale puisse se déployer, l'aide des parents est importante. C'est là aussi le rôle du parrain ou de la marraine, qui doivent être des croyants solides, capables et prêts à aider le nouveau baptisé, enfant ou adulte, sur son chemin dans la vie chrétienne. Leur tâche est une véritable fonction ecclésiale (officium). Toute la communauté ecclésiale porte une part de responsabilité dans le déploiement et la garde de la grâce reçue au Baptême. »
CEC n° 1255.

« Le baptême de tout chrétien s'inscrit dans celui du Christ. »

La souffrance, un chemin de croix... pavé d'espérance

Être lavé...

Comme les apôtres, nous avons les pieds chargés de poussière. Notre marche est parfois entravée par notre parcours de vie. Alors, nous pouvons accepter de nous laisser laver symboliquement. C'est Jésus qui lave nos âmes du péché, qui débarrasse nos esprits de ce qui encombre nos vies, pour nous purifier.

... et se mettre au service

La démarche de Jésus suit une logique. Il se donne en lavant les pieds de ses apôtres. Il se donne dans l'Eucharistie. Il se donne sur la Croix. Le don traverse tout son agir. Il nous force à méditer sur le don. Se donner et aimer, n'est-ce pas finalement la même chose ? Peut-on aimer si l'on ne se donne pas ? Existe-t-il un amour qui se garde, se referme ? Ce qui est autocentré n'est-il pas le contraire de l'amour ? L'amour est dans l'expansion, le débordement, la vie. Jésus donne sans cesse. Ce mouvement de don nous emporte et nous convie à y participer, à être nous aussi dans le don, même s'il peut coûter.

Jésus, lui, se donne tout entier : Il donne sa vie. Il la donne quotidiennement par l'Eucharistie en se faisant nourriture, et de manière sanglante sur la Croix.

Par le lavement des pieds, Jésus donne le vrai cadre du rapport aux autres. Puisqu'Il est le Fils de Dieu, il y aurait toutes les raisons pour que les apôtres lui lavent ses pieds. Cela serait dans l'ordre des choses. Mais voilà : Il est Dieu et Il lave les pieds de ses créatures. Il brise les codes de la relation supérieur-inférieur. Ce faisant, Il nous indique un chemin de don qui va à l'encontre des logiques mondaines de puissance et de domination.

Sur les chemins de croix de nos vies...

Nous lisons dans le récit de la Passion qu'à travers les épreuves de la vie (échec, solitude, maladie, pauvreté, accident, mort d'un être cher...), à l'image du Christ et avec Lui, il est toujours possible de percevoir le Salut de Dieu à l'œuvre. La Foi et l'Espérance sont nos trésors intérieurs. Au moment où, comme pour Jésus, la situation semble désespérée, nous pouvons nous tourner vers le Père et remettre notre vie entre ses mains. Sur la croix, Jésus ne s'écrie-t-il pas : « *Père, entre tes mains je remets mon esprit* » (Luc 23, 46), reprenant le psaume 30 : « *En tes mains je remets mon esprit* » (verset 6).

Les tentations du monde moderne

En tant que créatures, il est normal que nous soyons tentés. Nous espérons simplement ne pas céder à nos désirs, comme nous en appelons dans la prière du *Notre Père* : « *Ne nous laissez pas entrer en tentation.* » Le Christ lui-même fut mis à l'épreuve au désert. Le diable le soumit à un trio de tentations qui ne nous sont pas étrangères.

Pouvoir matériel

La tentation de changer les pierres en pain est celle du pouvoir matériel. Ne sommes-nous pas nous aussi assoiffés de possession, attirés par des objets, des vêtements neufs et de marque, des voitures puissantes, des gadgets et autres nouvelles technologies dont les publicités nous assaillent, mais qui au fond ne répondront pas réellement à notre soif d'infini ?

Pouvoir spirituel

La tentation de se jeter du sommet du Temple pour tester le soutien de Dieu, celle du pouvoir spirituel, est à mettre en parallèle avec nos soifs de gloire, de briller en société et sur les réseaux sociaux. Que ne sacrifions-nous pas dans notre vie pour l'image que nous souhaitons renvoyer aux autres, en vue d'obtenir leurs « like » sous nos posts en ligne, de gagner leur reconnaissance, de susciter leur admiration, sinon leur envie ?

Pouvoir politique

La tentation d'obtenir le pouvoir politique reste d'actualité. Elle suscite des conflits et des guerres qui font des ravages dans le monde. Elle anime nombre d'hommes et de femmes, désireux de gravir sans cesse les échelons dans une entreprise, de remporter ou de conserver par orgueil le pouvoir sur un pays, d'assujettir d'autres nations.

Résister

Refuser fait-il vraiment de moi quelqu'un de mauvais ? Résister, c'est peut-être savoir dire non, ou savoir dire oui à autre chose. Dieu nous a donné la liberté de choisir le bien par nous-même. L'objectif n'est pas d'être gentil ou méchant, mais de faire le bien. Ce qui serait « méchant », ce serait de dire oui aux forces qui alanguissent ou pervertissent l'âme, de dire oui là où l'on aimerait dire non, de céder à la peur et aux instincts faciles. Au contraire, vivre l'Évangile ouvre une voie vers le refus de la compromission, un chemin de résistance.

Jésus résiste au mensonge. Il adopte une manière d'être et de dire qui perturbe parce qu'elle est novatrice et à contre-courant. Cela fait-il de lui un résistant ? Si le mot s'entend dans son sens non politique, alors oui, certainement. Jésus est un résistant à Satan et à ses légions de démons, des anges déchus qui cherchent à empêcher les âmes d'aller à Dieu. Il nous montre le chemin de la résistance à nos propres démons et à toutes les forces obscures qui nous attirent.

Le temps pascal

Nous entrons dans le temps pascal, période de joie et d'espérance qui s'étend du dimanche de Pâques au dimanche de la Pentecôte. Parce que le mystère de Pâques est un et infrangible, la cinquantaine pascale est célébrée comme une seule et même fête. Ce temps est rythmé par le triptyque de fêtes majeures que sont Pâques, l'Ascension et la Pentecôte. Il dure sept semaines et un jour, soit cinquante jours, une durée qui vient contrebalancer les quarante jours de Carême. L'Église vit alors dans la joie de la Résurrection du Christ.

« Soudain un bruit survint du ciel comme un violent coup de vent : la maison où ils étaient assis en fut remplie tout entière. [...] Tous furent remplis d'Esprit Saint. »

Actes des Apôtres, chapitre 2, versets 1-4.

Lettrine H, page d'antiphonaire (Italie, seconde moitié du XVe siècle, par Maître de la Riccardiana).

Le dimanche de Pâques, fête de la Résurrection du Christ

La nuit précédente, l'Église a déjà célébré la Résurrection du Christ. Elle recommence solennellement le matin de Pâques. Sans la Résurrection, la foi chrétienne perdrait toute substance : « *Si le Christ n'est pas ressuscité, notre proclamation est sans contenu, votre foi aussi est sans contenu.* » (1 Corinthiens 15, 14) Sans la résurrection, Jésus ne serait plus une référence ultime. Mais s'Il est ressuscité, alors Dieu est là. La Résurrection est le point central de notre foi, et il convient d'accorder à cette notion une attention particulière.

Que s'est-il passé ? Il existait certes des témoins oculaires de Jésus ressuscité, mais il leur était difficile d'exprimer ce qu'ils avaient vu. Comme on le constate lorsque les disciples s'interrogent sur le sujet (Marc 9, 9), ils ignoraient la signification de la formule « *ressusciter d'entre les morts* ». Il ne s'agit pas simplement du miracle d'un cadavre réanimé ; sinon la Résurrection de Jésus serait du même ordre que celle du fils de la veuve de Naïn (ou Naïm), de la fille de Jaïre, ou de Lazare. Tous ceux-là ont fini par mourir définitivement.

> « Il est vraiment ressuscité. Ce postulat qui dépasse l'entendement humain anime toute la foi et nourrit toute l'espérance chrétienne. »

Or ici, quelque chose de totalement différent s'est produit. Jésus est entré dans une vie qui n'est plus soumise à la loi de la mort et du devenir. Lazare et les deux autres avaient besoin de manger et de dormir, et allaient nécessairement finir par mourir ; ce n'est pas le cas de Jésus. C'est pourquoi la Résurrection est un événement universel, qui donne une dimension nouvelle à toute l'existence humaine. Au contraire de Lazare, Jésus n'est pas revenu à une vie normale, mais sorti vers une vie nouvelle. Cet événement n'était pas compréhensible pour les disciples, car il ne renvoyait à rien de connu, n'entrait dans aucun cadre, ne répondait à aucune référence. De même, nul n'avait imaginé un Messie qui serait crucifié. Pourtant, la Résurrection était devenue un fait, et l'Écriture devait être lue à cette lumière. Appréhender ces deux événements majeurs que sont la Croix et la Résurrection était nécessaire pour les comprendre d'une manière nouvelle et aboutir à la foi en Jésus.

Les disciples reçoivent cette réalité : c'est vraiment Lui le Messie. Ils l'ont touché, ils lui ont parlé. Il est donc vivant. C'est une expérience unique. Il est vraiment Lui ; l'identité est la même, mais en même temps, Il n'est plus de ce monde.

La Résurrection est entrée dans ce monde seulement à travers quelques apparitions mystérieuses pour quelques élus. Cela pourrait passer pour un épiphénomène à la portée confidentielle, pourtant il fait partie du mystère de Dieu, et il est tellement véridique que les témoins en ont fait état à travers toute la région : « *Il est vraiment ressuscité.* »

Bien sûr, le tombeau vide ne saurait être une preuve suffisante de la Résurrection. Mais cet indice est un présupposé nécessaire pour la foi dans la Résurrection, dans la mesure où il se réfère précisément au corps. La Résurrection implique

« Il faut que je fasse, tandis qu'il est jour, les œuvres de celui qui m'a envoyé ; la nuit vient, où personne ne peut travailler. Pendant que je suis dans le monde, je suis la lumière du monde. »

Jean 9, 4-5.

que le corps de Jésus n'ait pas été corrompu. Jésus ressuscite le troisième jour. Cette tournure idiomatique juive fait référence au shabbat qui commence le vendredi soir (premier jour), et au signe de Jonas : « *Comme Jonas est resté dans le ventre du monstre marin trois jours et trois nuits, le Fils de l'homme restera de même au cœur de la terre trois jours et trois nuits* » (Matthieu 12, 40). Benoît XVI présente ce jour non comme une date théologique, mais comme le jour d'un événement qui, pour les disciples, est devenu décisif après le drame de la Croix. Il remarque par ailleurs que le shabbat revêtait une importance telle dans l'âme juive que seul un événement extraordinaire était de nature à changer le jour du culte et passer au dimanche. Toutes les spéculations théologiques n'auraient pas suffi : il fallait la rencontre avec Jésus ressuscité.

Il est à noter par ailleurs qu'aucun des évangélistes ne décrit le processus de la Résurrection en lui-même. Ici s'exprime le secret de Dieu, qui échappe à l'expérience humaine. Dans les Évangiles, Jésus apparaît comme un homme semblable aux autres : il marche avec les disciples d'Emmaüs, évolue au milieu des foules, se laisse toucher, mange du poisson. Et pourtant, il n'est plus comme auparavant. Au premier abord, les disciples eux-mêmes ne le reconnaissent pas. Il n'est plus lié par les lois ni de l'espace, ni du temps. Il n'est ni un fantôme ni un esprit, car Il n'appartient pas au monde des morts, mais les disciples découvrent un nouveau mode de rencontre, un nouveau rapport à Lui.

CALCUL DE LA DATE DE PÂQUES

En 325, le concile de Nicée décide que Pâques sera célébrée le dimanche après la pleine lune suivant l'équinoxe de printemps. Ce dimanche se situe entre le 22 mars et le 25 avril. La date de Pâques catholique dépend donc à la fois du cycle lunaire et du cycle solaire, ainsi que d'un cycle hebdomadaire. Chez les juifs, la Pâque est célébrée le 15 du mois de Nisan, c'est-à-dire le jour de la première pleine lune suivant l'équinoxe de printemps. Quant aux Églises orthodoxes, elles fêtent Pâques selon le calendrier julien, à l'exception des Églises orthodoxes de Finlande et d'Estonie. La Pâque orthodoxe a lieu entre le 4 avril et le 8 mai, après la première pleine lune suivant la Pâque juive.

Si la Résurrection fait partie de l'Histoire et peut être attestée par des témoins, elle dépasse aussi l'Histoire. Magistral et fondateur, cet événement inspira naturellement nombre d'artistes peintres dans le monde chrétien. L'Orient représente plus volontiers Jésus debout à côté de son tombeau, tandis que l'Occident montre moins la Résurrection en elle-même que les apparitions du Christ ressuscité. En ce jour de Pâques, les chrétiens célèbrent le jour où Jésus ressuscite. Il s'offre Lui-même comme l'agneau pascal immolé, nourriture pour les hommes. Il accomplit ainsi la véritable délivrance, celle de la servitude du péché.

Le retour de l'Alléluia

Chaque dimanche de l'année fait mémoire de la Résurrection du Seigneur. C'est pour cette raison que l'on célèbre la messe dominicale, une fête hebdomadaire. Non chanté pendant le Carême, temps de pénitence et de recueillement, le célèbre chant de l'Alléluia retentit à nouveau. Ce terme hébreu se compose du mot *hallelu*, « louez », et *Yah*, abréviation du nom sacré de Yahvé (Dieu), pour signifier littéralement « louez Dieu ». Ce chant est un marqueur fort de joie et d'allégresse.

À Rome, il ne fut tout d'abord chanté que le jour de Pâques. En Afrique, il était chanté pendant toute la durée du temps pascal, jusqu'à la Pentecôte, avant d'être entonné tous les dimanches de l'année. Il cessa finalement d'être chanté pendant le Carême. Au Moyen Âge, on faisait même ses adieux à l'Alléluia comme à un ami que l'on ne verra plus pendant un certain temps. On dit que l'on « enterre l'Alléluia » qui ressuscite avec le Christ à Pâques. L'Alléluia était symboliquement conduit en procession jusqu'à un lieu d'où il était retiré le jour de Pâques. Il avait son office dit *Clausum Alleluia*.

Les cloches de Pâques

Du Jeudi saint jusqu'à la veillée pascale, dans la gravité du *Triduum mortis*, les trois jours entre la mort et la Résurrection, toutes les cloches se sont tues, muettes, condamnées au silence. Dans la nuit du samedi au dimanche de Pâques, elles sonnent à nouveau, recommencent à carillonner pour annoncer la joie de la Résurrection du Christ dans le chant de l'Alléluia. La joie pascale déferle parce que le Christ est ressuscité. Le tintement des cloches marque le retour de la vie, du mouvement et du son. La cloche est ainsi devenue un grand symbole de Pâques.

Ancienne cloche au milieu d'arches en pierre à Gerbe, dans la région du Sobrarbe (Espagne).

La bénédiction de la cloche

Le pontifical romain dit qu'après la récitation de sept psaumes, la cloche est lavée, à l'extérieur comme à l'intérieur, à l'eau bénite. Elle reçoit ensuite sept onctions extérieures avec l'huile des malades, dans un signe de croix, et quatre onctions intérieures avec le saint chrême, selon le rite essentiel. La cloche reçoit enfin une fumigation d'encens et d'autres parfums. La cérémonie s'achève par l'Évangile de Marthe et de Marie qui rappelle qu'« *une seule chose est nécessaire* » : laisser entrer Dieu et sa Parole dans notre vie. Un parrain et une marraine sont souvent attribués à la cloche. Elle est parfois même recouverte d'une robe baptismale posée à la fin de la cérémonie.

ŒUFS ET AGNEAU DE PÂQUES

Dans l'imaginaire collectif, les cloches apportent les œufs que les enfants cherchent au matin, comme Marie-Madeleine qui, après avoir découvert le tombeau vide, se met en quête de son Seigneur. Pourquoi les œufs ? Parce qu'ils contiennent une vie cachée prête à éclore. Dès le XIIe siècle déjà, ils étaient décorés, cachés, offerts. Au XIXe siècle apparurent, parmi d'autres symboles de fécondité et de renouveau, les œufs en chocolat.

> *« L'œuf, avec la promesse de vie qu'il renferme, fût un symbole de résurrection chez tous les peuples méditerranéens. On a retrouvé des œufs d'argile dans des tombes préhistoriques, et des œufs de pierre dans des tombes égyptiennes, phéniciennes, grecques, romaines, étrusques etc. »*
> André Neyton, *Les Clefs païennes du christianisme*.

En France et dans de nombreux pays de tradition chrétienne comme l'Allemagne ou la Suisse, la coutume consiste à cacher des œufs en chocolat dans le jardin pour qu'au retour de la messe, les enfants les cherchent, un petit panier à la main. Les moules des chocolats que l'on retrouve dans tous les magasins, des boulangeries-pâtisseries aux supermarchés, sont de diverses formes : œufs (symbole de fécondité) le plus souvent, cloches (que l'on disait revenues à Rome le jour de Pâques pour distribuer les œufs), poules (qui pondent les œufs), lapins (images de fécondité), plus rarement poissons ou coquillages (évocation de la pêche miraculeuse de Jésus).

Familiale et ludique, la tradition de la quête des chocolats dépasse le cadre des sphères pratiquantes et concerne tous les milieux. Mais pour les chrétiens, l'enjeu est spirituel : la quête de quelque chose de bon et de dissimulé au regard. La recherche des chocolats est bien à comprendre comme une métaphore de la quête de Dieu.

Autre met emblématique de Pâques, l'agneau est l'élément incontournable du repas pascal, un signe supplémentaire de Jésus ressuscité qui est à chercher, à reconnaître et à savourer.

FOI

CONFESSION ET COMMUNION PASCALE

Tout fidèle, après avoir été initié à la très sainte Eucharistie, est tenu par l'obligation de recevoir la sainte communion au moins une fois l'an. Ce précepte doit être rempli durant le temps pascal (CIC n° 920).

Tout fidèle parvenu à l'âge de discrétion est tenu par l'obligation de confesser fidèlement ses péchés graves au moins une fois l'an (CIC n° 989).

« Chaque confesseur doit accueillir les fidèles comme le père de la parabole du fils prodigue : un père qui court à la rencontre du fils [...] ils sauront accueillir dans le cœur du pénitent l'appel à l'aide et la demande de pardon. »
Pape François, bulle d'indiction « Misericordiae Vultus », 2015.

« Je désire que la fête de la Miséricorde soit le recours et le refuge pour toutes les âmes, et surtout pour les pauvres pêcheurs. En ce jour les entrailles de ma miséricorde sont ouvertes, je déverse tout un océan de grâces sur les âmes qui s'approcheront de la source de ma miséricorde ; toute âme qui se confessera et communiera recevra le pardon complet de ses fautes et la remise de leur punition ; en ce jour sont ouvertes toutes les sources divines par lesquelles s'écoulent les grâces ; qu'aucune âme n'ait peur de s'approcher de moi, même si ses péchés sont comme de l'écarlate. »
Jésus à Faustine Kowalska.

On appelle le dimanche après Pâques « fête de la divine Miséricorde » parce qu'en l'an 2000, Jean-Paul II institua ce jour comme fête liturgique de la Divine Miséricorde. On définit la miséricorde divine comme un cœur penché vers la misère, le cœur de Dieu qui se penche vers Ses créatures pour les ramener à Lui. Le pape répondait ainsi au désir de Jésus lui-même qui avait demandé cette fête par l'intermédiaire d'une religieuse polonaise, sainte Faustine Kowalska, laquelle œuvra toute sa vie pour faire connaître aux hommes le message de Miséricorde du Seigneur.

Vitrail de l'église des Carmes du Pont-de-Beauvoisin (Savoie).

L'Ascension

Nous sommes à présent, comme l'indiquent les Actes des Apôtres, quarante jours après Pâques. L'Ascension tombe donc toujours un jeudi. Elle célèbre l'élévation du Christ au Ciel après sa dernière rencontre avec ses disciples. La liturgie latine évoque les mots *ascensio domini*, qui expriment l'acte de s'élever par ses propres forces. On les distingue du mot *assumptio* réservé à la Vierge Marie, qui fut enlevée au Ciel dans un état de passivité. Saint Augustin appelle aussi cette fête *quadragesima*, « quarante jours ». Soulignons à ce sujet le parallèle avec le Carême, d'une durée de quarante jours.

L'objet de la fête de l'Ascension est défini dans l'Évangile de saint Luc (chapitre 24, versets 50 à 53), ainsi que dans les Actes des Apôtres (au chapitre premier). Le Seigneur conduit ses disciples au mont des Oliviers, les bénit et s'élève vers le ciel ou il disparaît. Il s'agit donc du terme du séjour du Seigneur sur la terre, où il ne reviendra que « *pour juger les vivants et les morts* », comme nous le proclamons dans le Credo.

LE CREDO

Cette prière est aussi appelée « Symbole des apôtres » car elle est considérée comme le résumé de la foi des apôtres. Cette profession (ou proclamation) de foi est récitée par l'assemblée lors des messes du dimanche (après les lectures et l'homélie) et lors des célébrations de sacrements.

Je crois en Dieu, le Père tout-puissant,
créateur du ciel et de la terre ;
et en Jésus-Christ,
son Fils unique, notre Seigneur,
qui a été conçu du Saint-Esprit,
est né de la Vierge Marie,
a souffert sous Ponce Pilate,
a été crucifié,
est mort et a été enseveli,
est descendu aux enfers,
le troisième jour est ressuscité des morts,
est monté aux cieux,
est assis à la droite de Dieu le Père tout-puissant,
d'où il viendra juger les vivants et les morts.
Je crois en l'Esprit-Saint,
à la sainte Église catholique,
à la communion des saints,
à la rémission des péchés,
à la résurrection de la chair,
à la vie éternelle.
Amen.

Dôme de l'église du Saint-Sépulcre à Jérusalem.

IC XC
Ο ΩΝ
ΜΡ ΘΥ
Ο ΑΓΙΟΣ ΙΑΚΩΒΟΣ

Au IIe siècle, dans les documents ne sont désignés que Pâques et la Pentecôte. À l'origine, il est probable que la fête de l'Ascension ait été un satellite de Pâques et de la Pentecôte ; elle est en tout cas aussi ancienne que ces deux autres célébrations. Au IVe siècle, la pèlerine Éthérie relate que l'Ascension et la Pentecôte sont célébrées le même jour, lors de deux cérémonies distinctes en deux endroits différents de Jérusalem. La Pentecôte désigne alors moins la fête du cinquantième jour que l'ensemble des cinquante jours, une période dans laquelle l'Ascension se trouve englobée dans un même esprit qui perdure de Pâques à la Pentecôte.

La bénédiction des fèves est un usage très ancien associé à ce jour. Prononcée pendant le canon, elle portait sur ces légumineuses, autrefois aliment de base du peuple italien. Selon certains auteurs, cette bénédiction pouvait porter sur les fruits nouveaux, prémices du printemps : des prières pour les récoltes, transformées ultérieurement en fête des rogations, des prières publiques accompagnées de processions. Il s'agissait pour l'Église de confier à Dieu les récoltes pendant les trois jours qui précèdent la fête de l'Ascension.

Après la lecture de l'Évangile, le cierge pascal est solennellement éteint pour signifier le départ du Christ.

« Tandis qu'il les bénissait, il se sépara d'eux et fut emporté au ciel. »
Luc 24, 51.

« Jésus s'élève aux cieux, mais ne nous quitte jamais. Sa présence auprès de nous ne sera plus tangible, mais restera indéfaillible. »

Mais ne nous trompons pas d'interprétation. La poésie du rite matérialise un événement joyeux. Car la montée du Christ vers le ciel n'a rien de la tristesse de Sa mort avant Sa Résurrection. Saint Luc raconte qu'aussitôt après l'Ascension du Seigneur, les apôtres, dans une grande joie, bénissent Dieu. Loin de se sentir abandonnés, ils sont certains que perdurera auprès d'eux une présence de Jésus « à sa manière ». Selon Benoît XVI, Jésus laisse une promesse et une charge : promesse que les apôtres seront comblés de la force du Saint-Esprit, charge qu'ils devront être ses témoins jusqu'aux extrémités de la terre.

Comme nous le proclamons dans le Credo, « *Jésus est monté aux cieux, est assis à la droite du Père* ». Comment comprendre cette notion de « droite du Père » ? Ce n'est pas un espace parmi d'autres, Dieu étant en dehors de toute spatialité. Son rapport à l'espace est un rapport de Créateur. Sa présence n'est pas spatiale, mais divine. C'est pourquoi Jésus n'est pas parti au sens où il serait allé sur une autre planète, mais il est désormais hors de l'espace créé, et donc toujours avec nous, proche de nous. D'où la joie immense des disciples, qui est aussi la nôtre en ce jour.

Enseignement

La promesse de retour

« *Hommes de Galilée, pourquoi restez-vous ainsi à regarder le ciel ? Ce Jésus qui a été enlevé au ciel d'auprès de vous, viendra comme cela, de la même manière que vous l'avez vu s'en aller au ciel.* » (Actes des Apôtres 1, 11) Ce passage nous dit que le disciple doit croire au retour du Christ. Il n'est pas là seulement pour regarder le ciel. Car Jésus reviendra, selon la promesse faite lors de l'Ascension.

Le Christ est monté aux cieux en tant qu'homme, et non en tant que Dieu. L'événement de l'Ascension ne change rien à l'état du Christ ressuscité et glorieux. L'Ascension n'est pas l'entrée du Christ dans la gloire, mais plutôt une manière d'exprimer la dernière des christophanies. Le Christ est monté aux cieux par la puissance de sa divinité, et nous y prépare une place.

Certes Il part, mais le fait d'être privés de Lui nous sera plus utile que sa présence corporelle. Saint Thomas donne à notre privation de Jésus trois justifications : elle augmente la foi qui a pour objet les réalités invisibles ; elle soulève l'espérance de rejoindre Jésus un jour ; et elle nous apprend à chercher les choses d'En Haut.

La Pentecôte

La Pentecôte désigne la fête juive ou chrétienne célébrée le cinquantième jour après Pâques. Dans l'Ancien Testament, c'est la deuxième des trois grandes fêtes agricoles annuelles du calendrier liturgique d'Israël, qui prescrivent le pèlerinage. Pour les Juifs, plus encore qu'une fête agricole, la Pentecôte commémore le don des Tables de la Loi à Moïse sur le mont Sinaï.

Pour les chrétiens, elle marque l'envoi de l'Esprit qui donne naissance à l'Église, l'envoi des apôtres en mission d'évangélisation. Ils sont appelés à répandre dans le monde entier la Bonne Nouvelle du Messie, né et ressuscité. L'Église célèbre l'effusion de l'Esprit Saint pour la rémission des péchés, et l'appel universel au salut par la voix de ses prédicateurs. Au-delà des apôtres, elle est une invitation permanente à la communauté et à chaque chrétien à renouveler l'engagement de porter le message de l'Évangile, un mot qui signifie « bonne nouvelle ».

Avant la Pentecôte, les hommes bénéficiaient du don de l'Esprit, mais non de la plénitude de ses effets, principalement à cause du péché. La Pentecôte marque ainsi l'avènement de l'Église pleinement constituée.

« Vous ne pouvez recevoir l'Esprit Saint aussi longtemps que vous persistez à ne reconnaître le Christ que selon la chair. Le Christ se retirant corporellement, ce n'est pas seulement l'Esprit qui vient, mais le Père et le Fils qui sont spirituellement présents. »
Saint Thomas, IIIa, 57, a1, ad3, citant st Augustin, cité par le père Margelidon.

« Et l'Esprit planait sur les eaux. »
Genèse 1, 2.

« L'Esprit souffle où il veut, et tu en entends sa voix ; mais tu ne sais d'où il vient, ni où il va. Il en est ainsi de tout homme qui est né de l'Esprit. »
Jean 3, 8.

« La Pentecôte marque l'envoi de l'Esprit qui donne naissance à l'Église, l'envoi en mission d'évangélisation des apôtres, et à leur suite, de nous-mêmes. »

Sous le dôme de la rotonde de l'église du Saint-Sépulcre à Jérusalem se trouve le tombeau du Christ.

FOI

VENI CREATOR

« Viens, Esprit Créateur,
Visite l'âme de tes fidèles,
Emplis de la grâce d'En-Haut
Les cœurs que tu as créés.
Toi qu'on nomme le Conseiller,
Don du Dieu Très-Haut,
Source vive, feu, charité,
Invisible consécration. »

Composé par Raban Maur au IXe siècle.

Raniero Cantalamessa dit du *Veni Creator* qu'il est le seul hymne ancien conservé par toutes les Églises nées de la Réforme. Le poète Angelus Silesius, l'écrivain dramaturge Goethe, ou encore les compositeurs Bach et Gustav Mahler s'y sont intéressés.

Les langues de feu

L'épisode de la Pentecôte est relaté dans les Actes des Apôtres : « *Ils virent apparaître des langues comme de feu, qui se partageaient, et il s'en posa une sur chacun d'eux. Et tous furent remplis d'Esprit Saint, et ils se mirent à parler en d'autres langues, selon ce que l'esprit leur donnait de prononcer.* » (Actes des Apôtres 2, 3). L'effusion de l'Esprit Saint rend effective la prophétie de Joël (versets 16 à 21) : le don des langues, qui rend accessible, à tous, le message de salut opéré par Dieu en Jésus-Christ, et permet à tous d'en bénéficier. Ce message est ainsi rendu public et universel.

L'Esprit Saint est le plus souvent représenté comme une colombe, en référence à sa manifestation lors du baptême de Jésus. De cette colombe partent des rayons qui deviennent des langues de feu descendues sur chaque apôtre. Il peut aussi être représenté sous la forme de sept colombes, en référence au texte d'Isaïe (11, 1) qui évoque les sept esprits de Dieu, par une main divine, ou plus rarement encore par une roue enflammée.

Notons qu'un passage des Actes des Apôtres (chapitre 1, versets 12 à 14) laisse supposer la présence lors de cet épisode de la Vierge Marie. Une présence qui a une valeur forte dans l'Église naissante. Car Marie personnifie l'Église, en même temps qu'elle incarne la protection assurée à cette Église.

L'Esprit Saint

L'enjeu de la fête de la Pentecôte est donc de recevoir l'Esprit Saint. Mais qui est-il ? Dans les langues sémitiques, le mot « esprit » est féminin, tandis que chez des auteurs syriaques anciens, toute une doctrine sur l'Esprit Saint en tant que « mère » met l'accent sur sa douceur et son amabilité. Selon saint Basile, le Saint Esprit est celui qui crée l'intimité avec Dieu. Une intimité qui implique que Dieu est en nous et nous en Dieu grâce au Saint-Esprit.

« Qu'est-ce que l'Esprit Saint, sinon le baiser que le Père et le Fils se donnent mutuellement ? »
Saint Bernard.

Le Saint-Esprit ne saurait être enfermé dans des domaines de compétence spécifiques qu'on lui attribuerait. Car en réalité, tout relève de sa compétence, de même que tout relève de la compétence du Père et du Fils. L'Esprit Saint est un don gratuit, non mérité, que Dieu fait aux hommes. Comme le dit saint Bonaventure, le Saint-Esprit vient là où il est aimé, ou il est invité, où il est attendu.

La mort et l'espérance de la vie après la mort

Autrefois, afin de dissuader de commettre le suicide, l'Église, le considérant comme un péché, refusait de célébrer les obsèques d'un fidèle s'étant donné la mort. Le code de droit canonique de 1917 interdisait une cérémonie religieuse et une sépulture chrétienne à ceux qui avaient porté atteinte à leur propre vie. Le code de 1983 n'en fait plus mention, permettant désormais la célébration de funérailles chrétiennes pour ces personnes ainsi que leur inhumation en terre chrétienne.

L'Église continue de condamner cet acte « *contraire à la justice, à l'espérance et à la charité* » (CEC n° 2325). Elle proclame que « *chacun est responsable de sa vie devant Dieu qui la lui a donnée. C'est Lui qui en reste le souverain Maître (...) Nous n'en disposons pas.* » (CEC n° 2280). En ce sens, elle ne saurait bien évidemment l'encourager.

Toutefois, l'Église dit aussi qu'« *on ne doit pas désespérer du salut éternel des personnes qui se sont donné la mort. Dieu peut leur ménager, par les voies que Lui seul connaît, l'occasion d'une salutaire repentance.* » (CEC n° 2283)

Comprenons que le mystère d'une âme suffisamment en souffrance pour se donner la mort appartient au Seigneur, et que Lui seul sait la vérité de ce cœur et pourra le juger. L'Église énonce le mal objectif de cet acte, mais ne se prononce pas sur la responsabilité subjective de la personne.

Temps ordinaire et autres fêtes du sanctoral

La Saint-Joseph

Elle est célébrée le 19 mars, et le mois de mars tout entier lui est dédié. Les Évangiles sont les seuls textes bibliques à parler de Joseph : « *N'est-ce pas là le fils du charpentier* ? » (Matthieu 13, 55) ; « *Il était à ce qu'on croyait fils de Joseph.* » (Luc 3, 23). Le culte de saint Joseph s'est constitué progressivement à l'initiative des papes et au fil des pontificats.

Enseignement

Saint Joseph vu par le Pape François, lettre apostolique « Avec un cœur de Père », 8 décembre 2020.

« Saint Joseph nous rappelle que tous ceux qui, apparemment, sont cachés ou en "deuxième ligne" jouent un rôle inégalé dans l'histoire du salut. »

« Jésus a vu en Joseph la tendresse du Père : "Comme la tendresse du père pour ses fils, la tendresse du Seigneur pour qui le craint". »

« La vie spirituelle que Joseph nous montre n'est pas un chemin qui explique, mais un chemin qui accueille. »

Saint Joseph Charpentier, Georges de La Tour, 1642.

L'Annonciation

Célébrée le 25 mars, l'Annonciation est un événement spirituellement fondateur. Il désigne le message de l'ange Gabriel à la Vierge Marie pour lui annoncer qu'elle sera la mère du Messie. Cet épisode est relaté par saint Luc au chapitre premier de son Évangile.

On ne connaît pas de mention attestée de fête célébrée le jour de l'Annonciation avant le dixième concile de Tolède en 656. On présume qu'il existait dès le IVe siècle une fête de l'Annonciation en Palestine, mais cela reste une supposition. Le 25 mars marque en tout cas dans le calendrier julien l'équinoxe de printemps, et passait pour être le jour de la création du monde et de la conception de Jésus. Première par rapport à celle de Noël, la date du 25 mars servit à fixer celle de Noël, neuf mois plus tard.

Le concile de Tolède décida finalement de fixer au 18 décembre la fête de l'Annonciation, afin que huit jours avant la naissance du Sauveur, sa Mère soit honorée. En témoignent les lectures faites aux quatre temps de l'Avent, identiques à celles du 25 mars. À l'époque carolingienne, les deux fêtes du 25 mars et du 18 décembre se posaient en concurrence, avant que cette fête soit établie au 25 mars, sans doute avec la liturgie romaine, à l'exception de l'Espagne, qui resta un temps fidèle à la date du 18 décembre.

> *« Toute mission commence par l'attitude même de Marie lors de l'Annonciation : "Me voici, je suis la servante du Seigneur ; qu'il m'advienne selon ta parole !" »*
> Jean-Paul II, n° 18 de la « Vita Consecrata ».

FOI

L'ANGÉLUS

On le récite le matin, le midi et le soir pour honorer l'Annonciation.

L'ange du Seigneur porta l'annonce à Marie, « *et elle a conçu du Saint-Esprit.* » Dire un Ave.

Je suis la servante du Seigneur : « *qu'il me soit fait selon votre parole.* » Dire un Ave.

Et le Verbe s'est fait chair : « *et Il a habité parmi nous.* » Dire un Ave.

Priez pour nous, sainte Mère de Dieu, « *afin que nous soyons rendus dignes des promesses de Notre-Seigneur Jésus-Christ.* »

> *« Prions. Daignez, Seigneur, répandre votre grâce en nos âmes afin qu'ayant connu par l'annonce de l'ange l'Incarnation de votre Divin Fils, nous soyons conduits par les mérites de sa Passion et de sa Croix à la gloire de sa Divine Résurrection. Par le même Jésus-Christ Notre-Seigneur, Amen. »*

On peut lire à l'entrée du déambulatoire de la cathédrale de Saintes le texte suivant : « C'est de cette basilique que l'Angélus est parti à la conquête du monde. En 1095, au concile de Clermont, le pape Urbain II demande que l'angelus soit sonné dans les églises... ».

Benoît XVI a recommandé cette prière en 2010 dans *Verbum Domini* : « *le Synode a recommandé d'encourager parmi les fidèles la récitation de la prière de l'Angélus Domini. Il s'agit d'une prière simple et profonde qui, en union avec la Mère de Dieu, nous permet de nous "remémorer chaque jour le Mystère du Verbe incarné* ».

Ange Gabriel, cathédrale de Reims.

La Sainte Trinité

Le premier dimanche suivant la Pentecôte, l'Église célèbre la fête de la Trinité. Jamais le Nouveau Testament n'évoque la Trinité : le mot n'apparaît dans les écrits chrétiens que vers 170. L'Écriture, en revanche, présente chacune des trois composantes de la Trinité et leurs rapports entre elles. L'évangéliste Matthieu relate les paroles du Christ : « *Allez donc, de toutes les nations faites des disciples, les baptisant au nom du Père, du Fils et du Saint-Esprit.* » (chapitre 28, verset 19) Tel est le point de départ de la doctrine trinitaire de l'Église primitive.

> « *Le mystère de la Trinité est le mystère central de la foi et de la vie chrétienne. Il est le mystère de Dieu en Lui-même. Il est donc la source de tous les autres mystères de la foi, lumière qui les illumine. Il est l'enseignement le plus fondamental et essentiel dans la hiérarchie des vérités de foi.* »
> CEC n° 234.

Pour autant, la Trinité demeure un mystère de foi au sens strict. Dieu est notre Père. Selon le catéchisme, cette assertion fait de Lui l'origine de tout, l'autorité, en même temps que la bonté et la sollicitude ; une tendresse qui peut aussi être exprimée par l'image de la maternité. Car rappelons que Dieu transcende la distinction humaine des sexes, transcende la paternité et la maternité humaine. Il n'est ni homme, ni femme : il est Dieu. Nul n'est père comme l'est Dieu.

> « *Essayez de l'imaginer et aussitôt le bon sens chavire, car il est au-dessus, au-dehors, au-dedans de chacun de nous. Il est trois et il est un, il est chaque et il est tout ; il est sans commencement et il sera sans fin ; il est surtout et à jamais incompréhensible. Si l'on tente de se le figurer, de lui attribuer une enveloppe humaine, on aboutit à la naïve conception des premiers âges ; on se le représente sous les traits d'un ancêtre, d'un vieux modèle italien, d'un papa Tourgueneff à longue barbe et l'on ne peut s'empêcher de sourire, tant ce portrait de Dieu le Père est enfantin !* »
> Joris-Karl Huysmans, *En Route*.

Disons-le très clairement : nous ne reconnaissons pas trois dieux, mais bien un seul Dieu, en trois personnes. Chaque personne divine est Dieu tout entier. Et chacune est réellement distincte des deux autres. Les personnes divines sont relatives les unes aux autres. La distinction réelle des personnes réside uniquement dans les relations qui les unissent les unes aux autres. De même que la Trinité n'a qu'une seule nature, elle n'a qu'une seule opération. Selon la *Fides Damasi*, ou *Credo du Peuple de Dieu* de Paul VI (en 1968), Dieu est unique, mais non pas solitaire.

> « *Ô mon Dieu Trinité que j'adore, aidez-moi à m'oublier entièrement pour m'établir en Vous, immobile et paisible comme si déjà mon âme était dans l'éternité. Que rien ne puisse troubler ma paix, ni ne me faire sortir de Vous, ô mon immuable, mais que chaque minute m'emporte plus loin dans la profondeur de votre mystère. Pacifiez mon âme, faites-en votre ciel, votre demeure aimée et le lieu de votre repos.* »
> Sainte Élisabeth de la Trinité.

La Fête-Dieu, fête du Saint-Sacrement du Corps et du Sang du Christ

La Fête-Dieu, aussi appelée fête du Saint-Sacrement, ou encore fête du Corps et du Sang du Christ, Corpus Domini ou Corpus Christi, est célébrée le jeudi qui suit l'octave de la Pentecôte. Le nom de Fête-Dieu remonte au moins au milieu du XIVe siècle. Il témoigne de la dévotion populaire à la présence réelle du Christ. Comme pour le Jeudi saint, des processions furent mises en place à destination de reposoirs afin d'adorer l'eucharistie. Autour de tout le clergé rassemblé, les autorités civiles et l'armée elles-mêmes pouvaient rendre les honneurs au Corpus Domini.

En ce jour, on peut se laisser saisir et émouvoir par la séquence latine *Lauda Sion*, bijou liturgique et condensé de spiritualité, que l'on a appelé « Credo du Saint-Sacrement ».

EUCHARISTIE D'UN « CYBER-APÔTRE » CONTEMPORAIN

Carlo Acutis (1991-2006), qui devrait être canonisé au cours de l'année jubilaire 2025 avec d'autres bienheureux, était un adolescent italien doué pour l'informatique : il avait fait répertorier sur un site Internet (toujours en ligne) par moins de cent-vingt « miracles eucharistiques » reconnus officiellement en Italie et ailleurs. Mort à l'âge de 15 ans emporté par une leucémie, il est connu comme le « cyber-apôtre » des miracles eucharistiques et des apparitions mariales. À partir de sa première communion, il n'avait jamais manqué la messe quotidienne. « *Être toujours uni à Jésus, tel est le but de ma vie* », disait-il. Pour lui, la communion était une « *autoroute pour le ciel* ».

« La fête-Dieu honore la présence réelle de Jésus-Christ dans l'eucharistie. »

La fête du Sacré-Cœur

Le mois de juin tout entier est dédié au Sacré-Cœur. Le troisième vendredi après la Pentecôte en particulier, l'Église célèbre le Cœur de Jésus, symbole de l'amour divin compatissant et miséricordieux, mystère de l'amour vers lequel tout converge et où se noue la rencontre entre l'homme et Dieu. Un culte du Cœur Sacré issu de l'ouverture du côté du Christ sur la croix, auquel l'Antiquité, puis le Moyen Âge ont voué une dévotion grandissante.

Le cœur humain est un symbole d'amour volontaire à consacrer totalement à Dieu : « *Tu aimeras Dieu de tout ton cœur.* » (Deutéronome 6, 4). Le Seigneur Jésus lui-même a assumé un cœur de chair : « *Mettez-vous à mon école, car je suis doux et humble de cœur.* » (Matthieu 11). L'apôtre Jean est le premier modèle de disciple de ce cœur humain, puisqu'il repose sur celui de Jésus.

> *« Devant le Cœur du Christ, je demande au Seigneur d'avoir à nouveau compassion pour cette terre blessée qu'Il a voulu habiter comme l'un de nous. »*
> Pape François, lettre encyclique « Dilexit nos », 24 octobre 2024.

Le tournant eut lieu en XVIIe siècle avec sainte Marguerite-Marie et ses visions à Paray-le-Monial. Selon ces visions, le Seigneur souhaitait que son Église institue une fête en l'honneur de son Cœur, l'objet de la dévotion étant Son cœur blessé et l'amour qu'il symbolise. La fête du cœur de Jésus devint universelle dans le rite latin en 1856. Pie XII consacra au Sacré-Cœur une magnifique encyclique, et Paul VI refusa les propositions de supprimer la solennité de cette fête.

Cette dévotion repose sur deux notes spécifiques : la consécration au Sacré-Cœur et la résolution de réparation. Nous pouvons crucifier symboliquement le Christ par nos péchés, et le consoler par notre amour. La dévotion implique de recevoir la communion les neuf premiers vendredis du mois consécutifs en réparation pour les offenses commises contre le Saint-Sacrement.

« La fête du Sacré-Cœur commémore l'amour divin. L'Église contemple le cœur du Sauveur de l'humanité. »

Mosaïque du chœur de la basilique du Sacré-Cœur (Paris), d'Olivier Merson, H. M. Magne et R. Martin : le Christ ressuscité offre un cœur d'or, les bras grands ouverts.

IESV GALLIA POENITENS ET DEVOTA ET GRA

La Visitation

Cette fête mariale est célébrée le 31 mai, à l'issue d'un mois tout entier dédié à la Vierge Marie. Relatée dans l'Évangile selon saint Luc, la Visitation est le moment où la Vierge Marie, enceinte de Jésus, part sur les routes pour retrouver sa cousine Élisabeth, elle-même enceinte de Jean-Baptiste dans son grand âge. Élisabeth, emplie du Saint-Esprit, dit à Marie : « *Tu es bénie entre toutes les femmes, et le fruit de tes entrailles est béni.* » La Vierge Marie offre alors son Magnificat, ce chant d'action de grâce que l'Église chante tous les jours à l'office des vêpres.

La fête de la Visitation fut instituée en Occident en 1386 à l'initiative de Jean de Jenstejn, archevêque de Prague, lors du synode dans cette même ville, avec l'idée de rétablir l'unité de l'Église. Urbain VI l'établit dans toute l'Église, et la fête fut confirmée par le concile de Bâle en 1441. Cette fête était autrefois fixée le 2 juillet. Mais dans un souci de cohérence chronologique par rapport à la fête de la naissance de saint Jean-Baptiste le 24 juin, la fête de la Visitation fut logiquement placée avant, Élisabeth étant encore enceinte à ce moment-là.

LE MAGNIFICAT

Mon âme exalte le Seigneur,
Mon esprit exulte en Dieu mon Sauveur.
Il s'est penché sur son humble servante ;
Désormais tous les âges me diront bienheureuse.
Le Puissant fit pour moi des merveilles ;
Saint est son nom !
Son amour s'étend d'âge en âge sur ceux qui le craignent.
Déployant la force de son bras, il disperse les superbes.
Il renverse les puissants de leurs trônes, il élève les humbles.
Il comble de bien les affamés, renvoie les riches les mains vides.
Il relève Israël son serviteur, il se souvient de son amour,
De la promesse faite à nos pères, en faveur d'Abraham et de sa race à jamais.
Évangile selon saint Luc 1, 46-55.

La Visitation, par Raphaël, 1517.

La fête de la Saint-Jean

« En vérité je vous le dis, il n'a été suscité parmi les hommes personne de plus grand que Jean le Baptiste. »
Matthieu 11, 11.

Le 24 juin, six mois avant Noël, nous fêtons Jean le Baptiste, cousin de Jésus-Christ, fils de Zacharie et Élisabeth. Arrivé immédiatement avant le Messie, Jean le Baptiste a annoncé sa venue.

On célèbre en particulier sa naissance, fruit d'une intervention de Dieu, dans une annonciation qui fait écho à celle faite à la Vierge Marie. Jean le Baptiste se révèle au bord du Jourdain par une parole et une austérité qui bouleversent les foules. Il annonce le Royaume des cieux (« *Repentez-vous, car le royaume des cieux est proche* », Matthieu 4, 17), précisant avec vigueur n'être pas le Messie (« *Il faut qu'il grandisse ; et moi, que je diminue* », Jean 3, 30). C'est lui qui baptise le Seigneur.

Sa mort dans des conditions dramatiques ne saurait laisser indifférent. Jean le Baptiste reproche à Hérode Antipas d'avoir épousé Hérodiade, ex-femme de son frère Hérode Philippe. Pour cela, il est arrêté et emprisonné. Puis ce fut l'anniversaire d'Hérode Antipas ; la fille d'Hérodiade, Salomé, dansa et plut tant à Hérode qu'elle alla jusqu'à lui demander la tête du prédicateur Jean sur un plateau. Ainsi mourut Jean le Baptiste, pour avoir dit la vérité sur l'infidélité conjugale d'un puissant. Sa vie à la jonction des deux testaments fait de Jean le Baptiste le prophète de la transition.

HYMNE À SAINT JEAN-BAPTISTE

Connu comme l'hymne à saint Jean-Baptiste, l'*Ut queant laxis* est un hymne religieux en latin du poète Paul Diacre au IXe siècle. Le moine italien Gui d'Arezzo en a extrait six notes de musique : ut (do), re, mi, fa, sol, et la, qui sont les premières syllabes latines de chaque hémistiche de l'hymne.

Dans une grande partie de l'Europe, on allumait des feux dits de la Saint-Jean. On ne saurait dater avec précision les prémices de cette coutume, mais on sait qu'au XIIe siècle, le clergé les bénissait. Avant le concordat de 1801, la fête était même chômée.

Saint Jean-Baptiste est l'un des rares saints auxquels sont donc consacrées deux fêtes liturgiques : le 24 juin pour commémorer sa naissance, et le 29 août en mémoire de sa décapitation. Il est aussi le seul dont on célèbre la naissance (le 24 juin), tandis que l'on célèbre la mort des autres et leur naissance au ciel. La date du 24 juin fut très probablement fixée par rapport à celle de Noël, neuf mois avant. Puisque, selon le récit d'enfance de l'Évangile selon saint Luc, la naissance de saint Jean-Baptiste intervient trois mois après l'Annonciation le 25 mars, elle eut donc lieu le 24 juin. Une date qui marque le solstice d'été, pendant de Noël, au solstice d'hiver. La fête revêtait autrefois une importance telle qu'elle donnait lieu à une vigile et même, dans certains endroits, à trois messes, autant qu'à Noël !

Illustration extraite du Livre d'heures d'Étienne Chevalier par Jean Fouquet, vers 1450 (musée Condé, Chantilly).

La fête du Précieux Sang

Tout le mois de juillet est dédié au Précieux Sang. Célébrée le 1er juillet jusqu'en 1970, la fête fut instituée par Pie IX en 1849, en action de grâce de son retour à Rome. Le culte porté au Précieux Sang est une conséquence de l'union hypostatique et de la dévotion à l'humanité de Jésus. Cette dévotion fut renforcée au Moyen Âge (XIIe-XIIIe siècles) par la quête du Graal. Ce mouvement est le point de convergence de traditions celtiques, provençales et persanes avec la légende apocryphe de Joseph d'Arimathie, qui aurait recueilli dans un vase le sang écoulé des plaies du Christ. Cette dévotion fut popularisée par sainte Catherine de Sienne et sainte Angèle de Foligno au XIIIe siècle, et plus tard, au XVIe siècle, par sainte Marie-Madeleine de Pazzi ; au XIXe siècle, la dévotion au Sang du Christ a fait l'objet de la création de nombreux instituts.

« Cette âme, ô Verbe, tu la conçois dans le sang, tu l'enfantes dans le sang, la laves dans le sang, la vêts du sang, la couronne de sang… Quelle splendeur dans l'âme immergée et purifiée dans ce sang. »
Sainte Marie-Madeleine de Pazzi (XVIe siècle).

Église romane du monastère de San Juan de la Peña à Huesca (Espagne).

Mosaïque de l'abside de église Sant' Apollinare in Classe (construite en 535-549, Émilie-Romagne, Italie). Elle représente la Transfiguration du Christ sur le mont Thabor. Le Christ y est symboliquement représenté par une grande croix incrustée de pierres précieuses, au-dessus de la croix la main de Dieu, à gauche et à droite Moïse et Élie dans les nuages du ciel d'or.

La Transfiguration

Le 6 août marque une fête peu connue, mais non moins importante. Trois des évangélistes relatent l'épisode qui s'y réfère : Matthieu, Luc et Marc (mais non Jean). La scène se passe sur une montagne. Jésus y a conduit trois de ses disciples : Pierre, Jacques et Jean. Il apparaît resplendissant de lumière, entouré de Moïse et Élie. Ils sont enveloppés d'une nuée lumineuse dont sort une voix : « *Celui-ci est mon Fils bien-aimé ; écoutez-le.* » (Matthieu 17, 5, Luc 9, 35 et Marc 1, 11). En redescendant, Jésus intime à ses disciples l'ordre de n'en parler à personne avant la Résurrection du Fils de l'homme. Cette scène est à rapprocher du baptême de Jésus, autre manifestation trinitaire où se manifeste une Parole du Père très proche de celle de la Transfiguration.

> *« L'Église contemple le visage transfiguré du Christ, pour être fortifiée dans la foi et ne pas risquer d'être désemparée devant son visage défiguré sur la Croix. Dans les deux cas, elle est l'Épouse devant l'Époux, elle participe à son mystère, elle est entourée de sa lumière. »*
> Jean-Paul II, n° 15 de l'exhortation apostolique « Vita Consecrata ».

L'Assomption

Le 15 août, l'Assomption désigne l'élévation et la présence glorieuse et corporelle de Marie dans le ciel. À la fin du VIe siècle, saint Grégoire de Tours fut l'un des premiers témoins de la foi en l'Assomption. La fête de la Dormition, instituée au 15 août à Byzance au VIIe siècle, pose en revanche le problème de la destinée de Marie. Au VIIIe siècle, la fête de l'Assomption fut instituée le 15 août en pays gallican. Au XIIIe siècle, la croyance était devenue nettement commune.

Dans sa définition du dogme de l'Assomption le 1er novembre 1950, Pie XII a évité toute référence aux éléments mythologiques, aux notions de « haut » et de « bas », de transport et d'élévation au ciel en tant que lieu. Il fit même abstraction de la mort pour s'en tenir à la glorification actuelle de la Vierge, corps et âme. Le dogme de l'Assomption répond au dogme de l'Immaculée Conception : un point de départ et d'arrivée.

L'histoire du culte de l'Assomption en France fut marquée par le vœu de Louis XIII. Le 10 février 1638, alors que la reine Anne d'Autriche est enceinte pour la première fois après vingt-deux ans de mariage, le roi Louis XIII réalisait son vœu de consacrer le royaume de France à la Vierge Marie. Ce vœu fit l'objet d'un texte législatif soumis au Parlement de Paris et ratifié la même année par le roi lui-même. Ce texte consacre le royaume de France, le roi et ses sujets sous la protection de la Vierge Marie. Aussi est-il souvent de coutume en France de renouveler cette consécration le jour de l'Assomption.

FOI

JE VOUS SALUE MARIE

Reprenant les mots par lesquels l'ange Gabriel salue la Vierge Marie, cette prière a été formulée par une moniale bénédictine au XIIIe siècle.

« Je vous salue Marie, pleine de grâce ;
Le Seigneur est avec vous.
Vous êtes bénie entre toutes les femmes
Et Jésus, le fruit de vos entrailles, est béni.
Sainte Marie, Mère de Dieu,
Priez pour nous pauvres pécheurs,
Maintenant et à l'heure de notre mort. »

Cathédrale de Burgos (Espagne).

La Croix Glorieuse

Fixée au 14 septembre, cette fête porte le nom d'« Exaltation de la Sainte Croix ». Elle célèbre à la fois l'anniversaire de sa découverte et la cérémonie de son ostension. Au temps de Charlemagne, deux fêtes de la Croix existaient : le 14 septembre du calendrier de Rome et le 3 mai du calendrier gallican. Le 3 mai fut considéré comme l'Invention de la Croix, et le 14 septembre, comme son Exaltation.

En Croatie, la célébration du mariage est associée à la Croix du Christ, symbole de l'amour. Les futurs mariés apportent à l'église un crucifix, invitant ainsi symboliquement Jésus à leur mariage. Le prêtre leur dit : « *Tu as trouvé ta croix. Et c'est une croix à aimer, une croix à porter, une croix qu'il ne faudra pas rejeter mais chérir.* » Lors des moments difficiles que traversent tout couple, les époux pourront se recueillir devant la croix, se demander pardon et se réconcilier pour poursuivre leur chemin.

Calvaire dans l'église du Saint-Sépulcre, Jérusalem.

À gauche : L'église du Saint-Sépulcre, à Jérusalem.
Page suivante : Édicule du Saint-Sépulcre (tombeau du Christ).

Notre-Dame des Douleurs

Célébrée le 15 septembre, cette fête nous fait contempler les souffrances de la Vierge Marie et compatir avec elle. Des souffrances que le juste et religieux Syméon prédit à Marie : « *Et toi, ton âme sera traversée d'un glaive.* » (Luc 2, 35).

Notons que les théologiens demeurent réticents à l'idée d'une piété montrant la Vierge Marie défaillante auprès de la Croix. La raison en est que l'Évangile indique qu'elle se tenait debout : « *stabat mater* », « *la mère se tenait* », proclame l'Évangile selon saint Jean (19, 25). Le culte à Notre-Dame de la Pâmoison n'est donc pas à encourager. Benoit XIV blâma même les artistes qui représentaient Marie évanouie. Car si elle est la Pietà, cela n'empêche nullement sa force et sa constance dans la foi.

LE STABAT MATER

Cet hymne religieux du Moyen Âge, chant sublime, est traditionnellement attribué au poète franciscain Jacopone da Todi.

« Debout la mère des douleurs se tenait en larmes au pied de la croix, ou son Fils était suspendu.
Son âme gémissante, broyée par la tristesse et la souffrance, fut alors transpercée d'un glaive.
Ah ! Quelle ne fut pas la tristesse et l'affliction de cette mère bénie du Fils unique de Dieu ! […] »

Mosaïque de Rudolf Jettmar, dans l'église Saint-Léopold de Vienne (Autriche).

Notre-Dame du Rosaire

Le 7 octobre, l'Église célèbre un épisode de la bataille de Lépante, en Grèce actuelle, qui opposa en cette date de 1571 les Turcs à la flotte chrétienne de la Sainte-Ligue sous l'égide du pape Pie V. Pour prier la Vierge Marie d'obtenir la victoire, les fidèles récitèrent tout spécialement le Rosaire. La Sainte-Ligue ayant été victorieuse, cette fête fut instituée en souvenir de la protection de la Vierge Marie. Définissant le rosaire comme « *le résumé de l'Évangile* », le pape Léon XIII ajouta aux litanies l'invocation la mention de « *reine du Très Saint Rosaire* ». Le rosaire demeure un objet très pédagogique, une sorte de chemin sûr et simple vers Dieu.

« Ils héritaient même du chapelet, comme un jeune violoniste particulièrement doué hérite de l'instrument de son maître. Un chapelet de trappiste est en effet un instrument de professionnel. N'imaginez pas un de ces fragiles joujoux d'amateur, fait de petites perles de verre ; mais un outil de spécialiste, un instrument artisanal, avec des grains comme des balles, pour mitrailler le ciel, et une chaîne costaude, pour amarrer solidement l'humanité entière auprès de la Mère de miséricorde. [...] Je dis à Dom Chautard : "Les frères convers ont toujours le chapelet à la main." Il me répondit : "Ils savent s'en servir. On peut devenir un vrai contemplatif rien que par le chapelet." »
Père Jérôme, *Car toujours dure longtemps...*

Notre-Dame du Saint-Rosaire, gravure de Thomas Vincent (Quimper, début du XVIIIe siècle).

Statue de saint Pierre sur la façade de la basilique Saint-Pierre de Rome.

La Toussaint

Sous l'influence des églises de Gaule qui célébraient une fête de tous les saints le 1er novembre, Rome reprit l'idée et adopta cette date. Cette fête honore tous ceux dont la grâce du Christ a fait des saints, tous ceux qui ont contribué à la construction de l'Église. Le but est de célébrer de façon collective et ecclésiale tous les saints de Dieu qui constituent le corps du Christ. En 835, le pape Grégoire IV fixa la date au 1er novembre et inscrivit la date au calendrier liturgique universel.

« Nous célébrons tous les saints qui ont contribué à la construction de l'Église. »

Le jour des morts ou des défunts

Le 2 novembre, l'Église rend hommage à tous les défunts. Les catholiques croient à l'entrée immédiate des défunts dans une situation soit d'élus (au ciel ou en orientation vers lui), soit de damnés. La foi chrétienne professe en outre qu'il existe une communion avec les disparus, et que celle-ci se fait dans le Christ. On ne peut communiquer avec les morts. Le spiritisme est dangereux et ne nous met pas en contact avec les morts, mais avec les démons.

Le 2 novembre donc, l'Église ne prie pas pour ceux qui sont au ciel, puisqu'ils n'en ont pas besoin. Elle ne prie pas non plus pour ceux qui sont en enfer, parce qu'ils n'en veulent pas. Elle prie pour les âmes du purgatoire. La prière étant la plus puissante, les prêtres sont encouragés à célébrer trois messes. Ce sont les dominicains d'Espagne qui, au XVe siècle, ont initié l'usage de célébrer trois messes en ce jour des morts.

La théologie du purgatoire s'est développée à partir de plusieurs textes de l'Ancien et du Nouveau Testament : le second livre des Maccabées (12, 46), avec le sacrifice offert pour des soldats morts au combat ; la première épître aux Corinthiens (3, 11-15), avec le salut par le feu qui éprouve la bâtisse ; ou encore la deuxième épître à Timothée (1, 16), avec la prière pour Onésiphore qui semble déjà mort.

> *« Ceux qui meurent dans la grâce et l'amitié de Dieu, mais imparfaitement purifiés, bien qu'assurés de leur salut éternel, souffrent après leur mort une purification, afin d'obtenir la sainteté nécessaire pour entrer dans la joie du Ciel. » CEC n° 1030.*

> *« L'Église appelle Purgatoire cette purification finale des élus. »*
> CEC n° 1031.

L'Église a formulé la doctrine de la foi relative au purgatoire essentiellement lors des conciles de Florence et de Trente. Le concile de Trente définit deux points : l'âme du juste doit subir une peine qui la purifie des suites de ses fautes, et les prières des fidèles peuvent être appliquées à ces âmes pour les aider dans leur purification.

> *« Tous ceux qui désirent retourner au paradis doivent être éprouvés par le feu. Tous doivent traverser les flammes... Un seul ne put sentir le feu : c'est le Christ, justice de Dieu, parce qu'il était sans péché ; le feu ne put rien trouver à brûler en lui. »*
> Saint Ambroise dans son Expositio du psaume 118.

La célébration du 2 novembre en tant qu'institution liturgique remonte à saint Odilon de Cluny (962-1048). C'est lui qui proposa à tous les abbés de célébrer, le 2 novembre, la mémoire de tous les défunts afin d'assurer le repos de leurs âmes, lors de messes célébrées pour eux. À partir du XIIIe siècle, la fête s'est étendue à toute la chrétienté. Ainsi les morts trouvèrent-ils leur place dans le calendrier de l'Église et en reçurent les prières.

Au XIIIe siècle encore, les mots « *priez pour nous pauvres pécheurs, maintenant et à l'heure de notre mort* » furent ajoutés à l'Ave Maria. Se développa alors la croyance que ceux qui auraient souvent salué Notre-Dame au cours de leur vie se verraient en retour salués par Elle au moment de leur mort. Se constitua et se répandit un réseau de « confréries de la bonne mort », représenté dans de nombreux pays.

La fête du Christ-Roi

Le livre de l'Apocalypse (19, 16) représente Jésus tel un roi triomphant : « *Sur son vêtement et sur sa cuisse, il porte un nom écrit : "Roi des rois et Seigneur des seigneurs".* »

Clôturant l'année liturgique, cette fête fut instituée par le pape Pie XI le 11 décembre 1925 par son encyclique *Quas Primas*, qui la fixa au dernier dimanche d'octobre, c'est-à-dire le dimanche précédant la Toussaint. Cette proclamation dans la solennité était destinée à honorer la royauté messianique de Notre Seigneur.

Le Christ n'a pas décliné le titre de Roi. Il ne l'a pas accepté de la manière dont son entourage l'entendait. Sa royauté est avant tout spirituelle, son règne étendu sur les choses de l'Esprit. Jésus a combattu les attentes et l'image d'un Messie qui serait un libérateur national, en affirmant que son royaume n'était pas de ce monde, s'opposant par là même au pouvoir de Satan. La royauté du Christ est essentiellement une royauté de Sauveur spirituel. Au cours de sa vie terrestre, il s'est d'ailleurs abstenu d'exercer toute autorité sur les choses civiles, laissant ce rôle à César.

La fête du Christ-Roi est désormais célébrée avec l'idée de clore l'année liturgique le dimanche précédant l'Avent. Elle ouvre une nouvelle période d'espérance dans l'attente de la naissance du Christ. En achevant l'année liturgique, elle termine le cycle de la Rédemption, et signifie par là le retour du Christ à la fin des temps ; un Christ glorieux et triomphant, maître de tout et de tous. Hautement symbolique donc, cet emplacement dans la chronologie de la liturgie laisse entendre que la royauté du Christ vient achever et couronner toute chose.

> « *Il est l'icône du Dieu invisible, le premier-né par rapport à toutes les créatures. C'est en Lui que tout a été créé dans les cieux et sur la terre.* »
> Colossiens 1, 15.

> « Pilate lui dit donc : "Es-tu roi ?" Jésus répondit : "Tu le dis, je suis roi". »
> Jean 18, 37.

Christ pantocrator, extrait du *Beato de Liébana*, commentaire sur l'Apocalypse et le livre de Daniel rédigé en 786 (Gérone, Museo Capitular de la Catedral).

Comment vivre d'une « sainteté ordinaire » ?

L'Église honore chaque année à la Toussaint la foule des témoins anonymes du Christ et de l'Évangile. Nous y méditons sur la sainteté dite « ordinaire » ; une idée ancienne. La sainteté ne regarde pas la matérialité de ce qui est fait, mais la manière emplie de charité dont cela est fait. Elle est celle des héros du quotidien. Qu'importe la profession : seule compte la charité qui l'habite.

> *« Maître, quel est le plus grand commandement de la loi? Jésus lui répondit: Tu aimeras le Seigneur, ton Dieu, de tout ton cœur, de toute ton âme, et de toute ta pensée. C'est le premier et le plus grand commandement. Et voici le second, qui lui est semblable: Tu aimeras ton prochain comme toi-même. De ces deux commandements dépendent toute la loi et les prophètes. »*
> Matthieu 22, 36-40.

Les Dix Commandements

Dans l'Ancien Testament, Moïse a reçu de Dieu de Dieu les Tables de la Loi sur lesquelles était gravé le Décalogue (« Dix Paroles »). Le Décalogue apporte aux Hébreux un chemin de vie, une sorte de guide pour cheminer vers le bonheur. Scellant l'alliance entre Dieu et les Hommes, il formule des commandements qui servent de boussole au quotidien dans notre relation à Dieu et au prochain. Il nous fait prendre conscience des comportements qui nous éloignent de Dieu et du bonheur, invitent à se recentrer sur l'essentiel, loin de l'idolâtrie (argent, faste, honneurs, pouvoir...), et donne de précieux indices pour tendre vers la sainteté.

Aimer les autres

La finalité du Décalogue est l'Amour : amour de Dieu et amour du prochain ; car aimer l'autre, c'est aimer Dieu. Dans la continuité des Dix Commandements, le Christ énonce une recommandation à la forme positive : « Aimez-vous les uns les autres comme je vous ai aimés. » (Jean 15, 12). Il entend le fait d'aimer nos proches, familles et amis, et aussi nos voisins, collègues, connaissances, passants dans la rue, clients dans les files d'attente, passagers dans les transports...

Agir et réagir sans violence

L'Ancien Testament incite à une justice primitive, celle de la loi du talion : « *S'il arrive malheur, tu paieras vie pour vie, œil pour œil, dent pour dent.* » (Exode 21, 23-24). Face à la malveillance, Jésus nous demande de « tendre l'autre joue ». « *Je vous dis de ne pas riposter au méchant ; mais si quelqu'un te gifle sur la joue droite, tends-lui encore l'autre.* » (Matthieu 5, 39). Il demande de ne pas rendre coup pour coup, de ne pas répondre à la violence par la violence.

Bien sûr, il est normal de parfois céder à la colère. Elle n'est pas immorale en soi ; elle est une passion de l'âme. Elle peut donc être bonne ou mauvaise selon l'objet et la manière. Il est des colères injustes et des colères justes, comme face aux violences commises contre les enfants et contre toutes les personnes innocentes. Il est parfois mauvais justement de ne pas se mettre en colère.

Jésus, qui était humain, ne s'est-il pas révolté au Temple ? N'a-t-il pas choisi, la colère ? N'a-t-il pas renversé les comptoirs des changeurs et les sièges des marchands de colombes, expulsé ceux qui faisaient commerce du sacré ? (Matthieu 21, 12) Tendre vers la douceur et la maîtrise n'empêche pas les accès de colère face à ce qui nous révolte.

Saint Augustin disait : « *Celui qui se perd dans sa passion perd moins que celui qui perd sa passion* ». Nos passions mettent de la couleur dans nos vies. Une vie sans passions est une vie en noir et blanc. La mesure recherchée n'est donc pas l'extinction de la passion, mais sa gestion optimale. N'oublions pas que les passions sont bonnes, car elles viennent aussi de Dieu. Elles sont un moteur pour agir vers le bien. Une bonne et juste colère est précieuse dans la recherche de la justice et le combat contre les oppressions. Sans colère, trouverions-nous l'énergie de l'action ?

Respecter les autres

Le Christ pose comme règle « Tout ce que vous voulez que les hommes fassent pour vous, faites-le de même pour eux. » (Matthieu 7, 12). Son message porte à accueillir l'autre dans son altérité, qu'elle soit sociale, culturelle, religieuse, politique. Car les atteintes à la personne humaine - manque de respect, discrimination, insulte, violence, homicide, viol, harcèlement moral, scolaire et sexuel… - sont en réalité portées contre le Christ. Sachons reconnaître et accueillir dans l'autre le la présence et le don de Dieu.

Répandons la Bonne Nouvelle de l'Évangile dans tous nos cercles

Pour cela, nous n'avons pas besoin de brutaliser notre entourage, ni de l'assaillir d'un flot de paroles moralisatrices, ni de forcer les portes de consciences réfractaires à la Bonne Nouvelle imposée telle une cuillère d'épinards à un enfant récalcitrant, à la manière de : « c'est pour ton bien, c'est bon pour la santé ».

Évangéliser, c'est être le docile instrument du Saint-Esprit pour dire Jésus comme il faut et de la manière qu'il faut. Il est un juste temps et de justes mots. Nulle recette toute faite. Il nous faut juger au fil des situations et au cas par cas. Il est parfois bon de dire, parfois bon de se taire. L'enjeu est toujours, d'une manière ou d'une autre, d'amener à Jésus. Et cela requiert la prière et le bon sens.

Le modèle parfait est certainement Jésus lui-même, lorsqu'il parle avec les pèlerins d'Emmaüs. Il marche avec eux, les écoute, les fait parler, les interroge, puis les instruit. Ensuite, il dîne avec eux avant de disparaître, les laissant le cœur brûlant. Il respecte le rythme des deux hommes et prend le temps nécessaire. Évangéliser suppose de respecter les rythmes : celui de Dieu et celui des hommes.

« Ce que vous voulez que les hommes fassent pour vous, faites-le de même pour eux. »

Luc 6, 31.

Bibliographie

(Collectif) *Amour et Silence*, éditions du Seuil, 1951.

AQUIN (D') Thomas, *Somme théologique*, éditions du Cerf, 2021 (1274).

BAMONTE Francesco (père), LAVATORI Renzo (don) (préface), *La Vierge Marie et le diable dans les exorcismes*, éditions Bénédictines, 2012.

BASLEZ Marie-Françoise, *L'Église à la maison*, éditions Salvator, 2021.

BÉSIDA Jean-Claude et Yolande, *L'Amour sauvé : mystère du mariage*, Ad Solem, 2024.

BENOÎT XIV (PAPE), lettre encyclique du 30 mai 1741.

BENOÎT XIV (PAPE), discours 30 décembre 2005.

BENOÎT XIV (PAPE), deuxième lettre encyclique « Spe Salvi », 30 novembre 2007.

BENOÎT XVI, troisième lettre encyclique « Caritas in veritate », 29 juin 2009.

BENOÎT XVI, *Pensées sur la Nativité*, éditions Parole et Silence, 2010.

BENOÎT XVI, exhortation apostolique *Verbum Domini*, 30 septembre 2010.

BOY, Léon *Le Désespéré*, U.G.E., 1983.

BROHET, Christian. *Mort de Jésus du point de vue physiopathologique*. In: *Louvain médical*, Vol. 142, no. [AMA CONTACTS n°124], p. 194-199 (2023)

R. P. dom CABROL Fernand, R. P. dom LECLERCQ Henri (sous la dir. de), *Dictionnaire d'archéologie chrétienne et de liturgie*, Letouzey & Ané, 1903-1951.

R. P. dom CABROL Fernand, *Dictionnaire d'archéologie chrétienne et de liturgie*, Forgotten Books, 2018.

CANDIARD Adrien, *Quand tu étais sous le figuier*, éditions du Cerf, 2017.

CANTALAMESSA Raniero, *Viens Esprit Créateur : Méditations sur le Veni Creator*, éditions des Béatitudes, 2008.

CAPARROS Ernest et SOL Thierry (sous la direction de); ARRIETA Juan Ignacio (avec la collaboration de), *Code de droit canonique*, librairie Wilson & Lafleur.

(Collectif) *Catéchisme de l'Église catholique*, Pocket, 1999.

CHESTERTON Gilbert Keith, *Orthodoxie*, Flammarion, 2010 (1908).

CONRUYT Claire, *Mourir au monde*, Plon, 2021.

COQ Guy, *Inscription chrétienne dans une société sécularisée*, Parole et Silence, 2009.

DAUVILLIER Jean, BRUGUIÈRE Marie-Bernadette (présenté et annoté par), *Le Nouveau Testament et les droits de l'Antiquité*, Presses de l'Université des Sciences sociales de Toulouse, 2021.

DE BECKER Gérald, *Lexique du Sacré-Cœur*, Pierre Tequi Éditeur, 1975.

DE MONTAIGU Thibault, *La Grâce*, Plon, 2020.

DENOVA Rebecca, Crucifixion, traduit par Babeth Étiève-Cartwright, 12 mai 2022, World History Encyclopedia.

ÉGÉRIE, *Journal de voyage : itinéraire*, éditions du Cerf, 2002.

FRANÇOIS (PAPE), lettre encyclique « Lumen fidei », 29 juin 2013, n° 59, La Documentation catholique, n° 2512, octobre 2013.

FRANÇOIS (PAPE), bulle d'indiction « Misericordiae Vultus », 2015.

FRANÇOIS (PAPE), Lettre encylique « Laudato si' », 2015.

FRANÇOIS (PAPE), Angélus du 27 décembre 2015.

FRANÇOIS (PAPE), PRADO Fernando (entretien avec), *La Force de la vocation : La vie consacrée aujourd'hui*, éditions des Béatitudes, 2017.

FRANÇOIS (PAPE), lettre apostolique « Avec un cœur de Père » 8 décembre 2020.

FRANÇOIS (PAPE), audience générale du 1er mai 2024.

FRANÇOIS (PAPE), lettre encyclique « Dilexit nos », 24 octobre 2024.

GÉRARD (Dom), extrait du Missel de l'abbaye Sainte-Madeleine.

GUARDINI Romano, *Le Seigneur*, éditions Alsatia, 1945.

GOCKERELL Nina, *Krippen*, éditions Taschen, 1998.

GONDINET-WALLSTEIN Éliane, *Noël sous le regard des peintres*, éditions Mame, 1996.

HAUMONTÉ Odile, *N... comme Noël. Histoire - Sens - Traditions*, éditions des Béatitudes, 2021.

HUYSMANS Joris-Karl Huysmans, *En Route*, Gallimard, 1996.

JACQUEMET Gabriel (sous la dir. de), *Catholicisme, hier, aujourd'hui, demain*, Letouzey & Ané, 1948.

JEAN-PAUL II, exhortation apostolique « Vita Consecrata » du 25 mars 1996, éditions du Cerf, 1996.

JÉRÔME (père), *Car toujours dure longtemps...*, Fayard, 1986.

JOURNET Charles, *Les Sept Paroles du Christ en croix*, Livre de Vie, 1952.

KÉCHICHIAN Patrick, article « Les valeurs chrétiennes sont-elles affaire d'opinion ? », *Le Monde*, 18 janvier 2011.

KOSCH Daniel, article « Défendre les valeurs chrétiennes – quelques questionnements », site du Portail catholique suisse.

KOSLOSKI Philip, article « Les origines catholiques d'Halloween », Aleteia, 28 octobre 2016.

LECU Anne, *Tu as couvert ma honte*, éditions du Cerf, 2016.

MEIER John, *Un certain Juif : Jésus. Les données de l'histoire. Tome 1 : Les sources, les origines, les dates*, éditions du Cerf, 2004.

MENU Michel, *Dans le désert au pas des Goums*, Fayard - Le Sarment, 1998 (1990).

MERTON Thomas, *La Nuit privée d'étoiles*, Albin Michel, 1951.

NEWMAN John Henry, *Pensées sur l'Église*, Les Éditions du Cerf, 1956.

MARGELIDON Philippe-Marie, *Jésus Sauveur. Christologie*, Parole et Silence, 2014.

(Collectif) *Missel de l'abbaye du Barroux*, éditions Sainte-Madeleine, 2021.

NEYTON André, *Les Clefs païennes du christianisme*, Oxus, 2019.

NOTHOMB Amélie, *Soif*, Albin Michel, 2019.

PASCAL, *Pensées*, Le Livre de Poche, 2000 (1670).

PETITFILS Jean-Christian Petitfils, *Le Saint Suaire de Turin : Témoin de la Passion de Jésus-Christ*, Tallendier, 2022.

PIE XI (PAPE), lettre encyclique « Miserentissimus Redemptor », 1928.

POINTECOUTEAU Laurent, « Le procès de Jésus était parfaitement légal », 15 novembre 2013.

RATZINGER Joseph, *L'Enfance de Jésus*, éditions Flammarion, 2012.

RATZINGER Joseph, *Jésus de Nazareth du baptême dans le Jourdain à la Transfiguration*, éditions Flammarion, 2007.

RATZINGER Joseph, *Jésus de Nazareth de l'entrée à Jérusalem à la Résurrection*, éditions Rocher, 2011.

RIPERT Pierre, *Les Origines de la crèche provençale et des santons populaires à Marseille*, éditions Paul Tacussel, 1991.

ROPS Daniel, *La Vie quotidienne en Palestine au temps de Jésus*, éditions Hachette, 1961.

STEIN Edith, *La Crèche et la Croix*, éditions Ad Solem, 2007.

THOMAS D'AQUIN, CEC 1966, I-II q 106 a 1.

VACANT Jean-Michel Alfred, MANGENOT Eugène, AMANN Émile (sous la dir. de), *Dictionnaire de théologie catholique*, Letouzey & Ané, 1899-1950.

VAUCHEZ André (sous la dir. de), *Christianisme : Dictionnaire des temps, des lieux et des figures*, éditions du Seuil, 2010.

VERMES Geza, *Enquête sur l'identité de Jésus. Nouvelles interprétations*, Bayard, 2003.

VILLER Marcel (sous la dir. de), CAVALLERA Ferdinand, DE GUIBERT Joseph, *Dictionnaire de spiritualité. Ascétique et mystique. Doctrine et histoire*, éditions Beauchesne, 1932-1995.

VLOBERG Maurice, *Les Noëls de France*, éditions Arthaud, 1938.

VON SPEYR Adrienne, *Jean, le discours d'adieu*, Lethielleux, 1982.

Crédits iconographiques

15 : Getty images/bauhaus1000 ; **18 :** Getty images/pmmart ; **19 :** Getty images/photovs ; **21 :** Getty images/krisanapong detraphiphat ; **23 :** Getty images/Pascal Deloche ; **25 :** istock/JannHuizenga ; **28 :** Getty images/sedmak ; **34 :** Getty images/Bettmann/Contributeur ; **35 :** Getty images/Tramont_ana ; **37 :** Getty images/DEA/J. E. Bulloz/Contributeur ; **39 :** DR ; **41 :** akg-images/Mondadori Portfolio/Francesco Fumagalli ; **43 :** Getty images/Fototeca Storica Nazionale/Contributeur ; **44 :** DR ; **45 :** Getty images/Nruedisueli ; **51 :** Getty images/Heritage Images/Contributeur ; **53 :** Getty images/Heritage Images/Contributeur ; **55 :** akg-images/Tristan Lafranchis ; **57 :** Getty images/Dea Picture Library/Contributeur/coll. De Agostini ; **59 :** Getty images/Angelafoto ; **59 :** Getty images/Jean-Marc Zaorski/Contributeur/coll. Gamma Rapho ; **66 :** istock/Flavio Vallenari ; **67 :** istock/aimintang ; **79 :** Getty images/Heritage Images/Contributeur/coll. Hulton Archive ; **82 :** istock/sedmak ; **85** : Getty images/Universal History Archive/Contributeur/coll. Universal Images Group ; **87 :** Getty images/Dea Picture Library/Contributeur/coll. De Agostini ; **91 :** Getty images/Heritage Images/Contributeur/coll. Hulton Archive ; **96 :** Heritage Images/akg-images/Heritage Art ; **103 :** Getty images/Pascal Deloche/Godong/coll. Stone ; **103 :** Getty images/Pascal Deloche/Godong/coll. Stone ; **105 :** Getty images/Jorisvo ; **107 :** Getty images/Historical Picture Archive/Contributeur/coll. Corbis Historical ; **111 :** akg-images/Erich Lessing ; **113 :** akg-images/British Library ; **114 :** Getty images/undefined undefined ; **115 :** Getty images/davelogan ; **117 :** Getty images/Pascal Deloche/Godong/coll. Stone ; **122 :** Getty images/Vladi333 ; **123 :** Getty images/digitalimagination ; **125 :** istock/YorVen ; **127 :** istock/Wirestock ; **132 :** Getty images/H. Armstrong Roberts/ClassicStock/coll. Archive Photos ; **134 :** Getty images/Coral222 ; **137 :** Getty images/Rosemary Calvert/coll. Stone ; **143 :** Getty images/Pawelito/coll. Moment ; **145 :** Getty images/Sergio Formoso/coll. Moment ; **146 :** Getty images/Heritage Images/Contributeur/coll. Hulton Archive ; **146 :** Getty images/Heritage Images/Contributeur/coll. Hulton Archive ; **149 :** Getty images/Hulton Archive/Intermittent/coll. Hulton Royals Collection ; **149 :** Getty images/Fred De Noyelle/Godong ; **151 :** Getty images/Godong/coll. Stone ; **152 :** akg-images/Erich Lessing ; **153 :** akg-images/Erich Lessing ; **155 :** Getty images/Jarry/Tripelon/Contributeur/coll. Gamma Rapho ; **157 :** Getty images/Heritage Images/Contributeur/coll. Hulton Archive ; **159 :** Getty images/Franco Origlia/Contributeur/coll. Getty images News ; **160 :** Getty images/Philippe Lissac/coll. Stone ; **163 :** Getty images/pmmart ; **164 :** Getty images/Geoffrey Jacquemin ; **168 :** Getty images/bgwalker ; **174 :** Getty images/duncan1890 ; **179** : Getty images/Pilar G Abadias ; **180 :** Getty images/Fotografia Inc. ; **181 :** Getty images/clodio ; **183 :** istock/Marco Antonio Blanco ; **187 :** istock/searagen ; **189 :** Getty images/Luis Alvarez ; **193 :** DR ; 195 : Getty images/Pascal Deloche/coll. Stone ; **201 :** Getty images/Phas/Contributeur/coll. Universal Images Group ; **203 :** Getty images/Print Collector/Contributeur/coll. Hulton Archive ; **205 :** Getty images/Pablo Utrilla ; **206 :** akg-images/Bildarchiv Steffens ; **207 :** Getty images/Jorisvo ; **208 :** istock/Joel Carillet ; **209 :** istock/Dzarzycka ; **210 :** istock/Kyrylo Neiezhmakov ; **212 :** Getty images/Fred de Noyelle/coll. Stone ; **213 :** Getty images/Culture Club/Contributeur/coll. Hulton Archive ; **214 :** istock/sedmak ; **217 :** akg-images/Joseph Martin.

Hachette Livre S.A. - 58, rue Jean-Bleuzen, CS 70007, 92178 Vanves Cedex – France

Direction Hachette Pratique : Catherine Saunier-Talec

Directrice de projets éditoriaux : Anne Le Meur

Responsable artistique : Carla Dalvy

Création de la maquette intérieure et mise en page : Stéphanie Aguado

Révision : Marie Borgers

Fabrication : Amélie Latsch

Partenariats : Dana Lichiardopol (dlichiardopol@hachette-livre.fr)

Contact : webpratique@hachette-livre.fr

Achevé d'imprimer en février 2025 par Estella Gráficas (Espagne)

Dépôt légal : avril 2025

Nuart : 86-0755-4

ISBN : 978-2-01-723401-2/01